Newton Compton Editores

Título original: *The Zodiac Guide to Capricorn*

© 2023, Summersdale Publishers Ltd. Published by arrangement with
Summersdale Publishers, part of Octopus Publishing Group Limited.
Via Anna Spadolini Agency.
Text by Emily Kearns.
© 2025, de la traducción por Marta Cueva Camblor
© 2025, de esta edición por Antonio Vallardi Editore S.u.r.l., Milán

Todos los derechos reservados

Primera edición: noviembre de 2025

Newton Compton Editores es un sello de Antonio Vallardi Editore S.u.r.l.
Pl. Urquinaona, 11, 3.º 1.ª izq. Barcelona, 08010 (España)
www.newtoncomptoneditores.com

Gruppo editoriale Mauri Spagnol S.p.A.
www.maurispagnol.it

ISBN: 978-84-10359-67-3
Código IBIC: WS
DL: B 11.136-2025

Composición:
Javier Sánchez Meco

Diseño de interiores:
David Pablo

Impreso en noviembre de 2025 en Puntoweb s.r.l., Ariccia (Roma), en Italia.

Astrid Carvel

# Guía astrológica de Capricornio

Traducción de Marta Cueva Camblor

Newton Compton Editores
Barcelona, 2025

# Introducción

¿Estás preparado para abrir tu mente a la sabiduría ancestral del zodiaco y explorar posibilidades ocultas? La astrología es tan extensa como el cielo de noche, una gigantesca y compleja red de estrellas, constelaciones, planetas, esferas celestes y horizontes cuyo mapa fue diseñado por nuestros antepasados durante miles de años con el fin de darle un sentido al tiempo que nosotros, los seres humanos, pasamos en este mundo.

Este libro te proporcionará los instrumentos necesarios para que explores más a fondo los comportamientos y los rasgos de personalidad que te definen y las relaciones que entablas con los demás para ayudarte a revelar posibilidades ocultas en los movimientos de los planetas. Te servirá de guía y de apoyo cuando lo necesites.

La astrología es un viaje hacia el descubrimiento de nosotros mismos en el que podemos ir sumergiéndonos lentamente o zambullirnos con decisión hasta el fondo, aprendiendo pequeñas cosas sobre los astros o adentrándonos en la complejidad que los envuelve.

A lo largo de estas páginas, encontrarás información detallada sobre la historia del zodiaco y sobre diversas tradiciones astrológicas. Entenderás cómo construir tu carta natal, su significado y lo que puedes aprender de ello.

Descubrirás el significado de lo que las posiciones planetarias intentan comunicarnos, cómo descifrar tu signo solar y lunar, tu ascendente y muchas más cosas. Observarás las casas o los segmentos de la bóveda celeste que están relacionados con distintos aspectos de tu vida y aprenderás a descodificar tus enseñanzas. En este libro se exponen los modelos que la materia celeste crea dentro de cada casa para ofrecerte el camino hacia sus significados.

Después estudiarás con detalle tu signo solar y su relación con todos los aspectos de tu vida y aprenderás a cuidar de ti mismo obteniendo el mayor provecho posible gracias a las ideas y recomendaciones relativas a tu signo del zodiaco.

¿A qué estás esperando? ¡Que comience el viaje!

# Primera parte

## Bienvenido al zodiaco

Este capítulo te guiará en un viaje que parte desde el origen del zodiaco, hace miles de años, hasta la actualidad y la importancia que sigue teniendo hoy en día. Para comprender a fondo tu signo solar, al que comúnmente solemos llamar signo del zodiaco o signo de nacimiento, tal vez antes quieras leer acerca de cómo la práctica de la astrología, tan extendida como hoy la conocemos, ha ido evolucionando a través de la historia y de las tradiciones.

¿Qué nos ha llevado a los seres humanos a mirar al cielo en busca de orientación desde los tiempos más remotos y por qué aún seguimos haciéndolo? Las investigaciones sugieren que la astrología es hoy en día más popular que nunca. Está experimentando una especie de renacimiento, quizá porque las innumerables incertidumbres de nuestras vidas nos impulsan a mirar hacia la oscuridad en busca de consuelo. El saber extenso de las estrellas está completamente a tu disposición. ¿Estás preparado para hacerlo tuyo?

# ¿Qué es la astrología?

Antes de continuar, es importante entender la diferencia entre astronomía y astrología. La **astronomía** es el estudio científico del universo, los planetas, las estrellas, los cuerpos celestes y el espacio en sí mismo. Por otra parte, la **astrología** estudia cómo la posición en que se encuentren las estrellas y los planetas en el momento en que nacemos puede influir en nuestra personalidad y afectar a nuestro modo de dirigir nuestras vidas.

La astrología es una interpretación de la posición de las estrellas y los planetas, pero también está estrechamente relacionada con el comportamiento humano y la influencia de los cuerpos celestes en él, en los estados de ánimo, las elecciones del día a día y la actitud de cada persona. Los astrólogos consideran que todas las cosas forman parte de una realidad interconectada y que comprender el antiguo simbolismo de las estrellas y de los planetas en relación con los acontecimientos de nuestras vidas es un proceso en constante evolución.

La astrología no dicta que los planetas y las estrellas tengan poder sobre nosotros o nos permitan prever el futuro, aunque sugiere que la esfera celeste es capaz de crear ciertas direcciones y situaciones que puedes aprender a usar a tu favor.

El poder de las estrellas está a tu disposición; solo necesitas un poco de práctica.

Los horóscopos que aparecen en las revistas y en los periódicos son solo la punta del iceberg. Para saber

qué cosas te mueven desde una perspectiva astrológica, basta con saber tu fecha de nacimiento. Desde
ahí puedes encontrar tu signo solar y lunar y tu ascendente, crear tu carta natal y emprender un camino de
autodescubrimiento. Pero eso lo hablaremos en los
siguientes capítulos. El mundo de la astrología es in-
menso, está abierto a todo el mundo y puede ayudarte
a comprender tus puntos débiles, tu comportamiento
y la forma en que te relacionas con los demás. También
puede ayudarte a descifrar tu pasado y abrir la mente
de cara al futuro.

El primer paso de tu camino celeste es fundamental:
es el momento de aprender qué es el zodiaco.

# Historia del zodiaco

Mucho tiempo antes de que pudiéramos viajar al espacio e incluso de que los telescopios nos permitieran estudiar con detalle mundos más allá del nuestro, los seres humanos observaban el cielo nocturno para saber en qué periodo del año se encontraban y planificaban sus vidas según la posición de las estrellas. Incontables viajeros se fijaban en el cielo para decidir el camino que debían seguir y, en el paso, los marineros confiaban en la bóveda celeste y utilizaban la estrella polar como guía. En el antiguo Egipto, los campesinos sabían predecir la crecida anual del Nilo cuando la llamada «estrella del perro», Sirio, se dejaba ver en julio. Los fenicios observaban la posición del Sol en el cielo para decidir qué caminos escoger y en numerosas culturas pasadas se elaboraban calendarios lunares para llevar un registro de los acontecimientos religiosos.

Aunque el momento exacto de la historia en que se empezó a relacionar los signos del zodiaco con características y comportamientos de los seres humanos continúe siendo todo un misterio, sabemos que el zodiaco se originó como un instrumento para medir el tiempo. Los primeros astrólogos crearon el calendario de los signos del zodiaco trazando las constelaciones en una franja de cielo, dividida en doce segmentos, que cubría la Tierra y en la que se movían el Sol, la Luna y los planetas.

Cada uno de esos doce segmentos comporta un signo

del zodiaco y cada signo se representa con una constelación; además, el Sol tarda aproximadamente un mes
en atravesar su segmento de cielo. Por eso a los signos
del zodiaco también se los conoce como *signos solares*.

Aunque la creación del calendario de los signos del
zodiaco que aún empleamos hoy en día se atribuya a los
antiguos griegos, existen evidencias que confirman que
ya en el año 1500 a. C. los babilonios habían concebido
un conjunto de signos similares a los nuestros.

## ☾ ✳ ¿Por qué el calendario de los signos del zodiaco empieza en marzo?

Los antiguos griegos creían que el primer día de la
primavera coincidía con aquel en que el Sol entraba en
la constelación de Aries, lo que marcaba el inicio del
calendario. Tenía sentido que el año comenzase con los
primeros brotes verdes que surgían de la tierra tras el
invierno, lo cual le confería a la primavera el significado
de un nuevo inicio.

# ¿Cómo funciona?

Existen numerosas técnicas y aplicaciones astrológicas, pero la más utilizada en Occidente es la astrología moderna o psicológica (puedes consultar el capítulo **Las distintas técnicas astrológicas**, página 31).

Lo primero que tienes que hacer es crear tu carta natal. Hoy en día se puede hacer con bastante facilidad gracias a internet, pero antes de la era tecnológica quienes pretendían buscar respuestas en las estrellas debían navegar entre un sinfín de páginas de volúmenes polvorientos para encontrar la información necesaria para crear una carta astral correcta.

Tu carta natal representa la posición en la que se encontraban las estrellas y los planetas más importantes el día de tu nacimiento. Esta carta constituye la base de cualquier horóscopo o lectura. El astrólogo, o tú mismo cuando hayas aprendido a hacerlo, compara tu carta natal con la posición de las estrellas y de los planetas en algunos momentos claves para comprender tus motivaciones. Conocer el comportamiento de los planetas te da el poder de hacer predicciones sobre el comportamiento de una persona en determinadas situaciones y en un momento concreto. Ninguna de estas predicciones puede considerarse decisiva, pero a muchas personas les tranquiliza tener cierto conocimiento de su propia psique.

Combinando los movimientos planetarios con las características de tu signo solar o zodiacal, las de tu signo lunar y las de tu ascendente (puedes consultar los capítulos **Cómo calcular tu signo lunar**, página 74, y **Cómo calcular tu ascendente**, página 78), además de tener en cuenta tu elemento (puedes consultar el capítulo **Los elementos**, página 27), podrás llegar a conocer qué cosas te llevan a tener determinados comportamientos e incluso a entender por qué algunos rasgos de tu personalidad son tan distintos a los de otras personas de tu círculo social.

Las páginas de este libro te revelarán algunos aspectos de la astrología que te permitirán obtener una visión más clara de ti mismo.

# Glosario

**Zodiaco**: Es un fragmento de la bóveda celeste en el que se mueven el Sol, la Luna y los planetas visibles durante todo el año. El zodiaco está dividido en doce segmentos según las constelaciones que representan los signos solares: Aries, Tauro, Géminis, Cáncer, Leo, Virgo, Libra, Escorpio, Sagitario, Capricornio, Acuario y Piscis.

**Signo solar**: Es tu signo del zodiaco, determinado por el día de tu nacimiento. Por ejemplo, si naciste el 21 de abril, tu signo solar será Tauro.

**Carta natal**: Es una «fotografía» de la posición de los planetas el día de tu nacimiento.

**Planetas**: En astrología, los planetas se refieren a los mismos del sistema solar: Mercurio, Venus, Marte, Júpiter, Saturno, Urano, Neptuno y Plutón (aunque este último ya no venga incluido como parte del Sistema Solar en las clasificaciones más recientes). El Sol y la Luna también se consideran planetas en la astrología moderna.

**Casas**: Son los doce segmentos del cielo nocturno que se superponen a los signos del zodiaco. Cada una de las casas representa un área diferente de tu vida.

**Elementos**: A cada uno de los signos solares se le atribuye uno de los cuatro elementos: fuego, agua, aire o tierra.

**Signo lunar**: Tu signo lunar es el signo del zodiaco en el que se encontraba la Luna el día de tu nacimiento.

**Ascendente**: Tu ascendente es el signo del zodiaco que estaba surgiendo –o ascendiendo– en el horizonte oriental el día de tu nacimiento.

**Retrógrado**: Este término hace referencia a una ilusión óptica que hace que parezca que los planetas se mueven en sentido contrario dependiendo de su posición en el cielo nocturno respecto a la Tierra.

**Punto medio**: Es el punto intermedio entre dos cuerpos celestes sobre tu carta natal.

**Horóscopo**: Tu horóscopo es un mapa astrológico de la posición en que se encontraban el Sol, la Luna y los planetas en un momento concreto en relación con tu signo solar, lunar y ascendente. Este mapa puede ayudarte a comprender acontecimientos pasados o asesorarte de cara a sucesos futuros.

# Tu signo solar

*Signo solar* es simplemente otra manera de llamar a tu signo del zodiaco. Año tras año, la Tierra da una vuelta completa alrededor del Sol y pasa aproximadamente un mes dentro de cada uno de los doce signos del zodiaco. El signo solar viene determinado por tu día de nacimiento: el signo por el que transitaba el Sol en ese momento es el que te corresponde astrológicamente y puede ser Aries, Tauro, Géminis, Cáncer, Leo, Virgo, Libra, Escorpio, Sagitario, Capricornio, Acuario o Piscis.

Por ejemplo, es imposible ser un Aries «puro», dado que los demás planetas tendrían que haberse encontrado en el mismo segmento de tu signo durante tu nacimiento, lo que nunca podría ocurrir debido a sus órbitas y a la distancia que existe entre ellas. Sin embargo, como el Sol se considera el cuerpo celeste más influyente del horóscopo, tu signo solar es una fuente valiosa de la que puedes aprender mucho sobre ti mismo.

Aun así, para obtener un cuadro completo, es necesario estudiar la influencia del Sol y de los otros planetas sobre tu horóscopo, dentro del cual los elementos más importantes serán el ascendente y el signo lunar. Si todavía no sabes cuáles son tus signos, aprenderás a calcularlos en las próximas páginas.

Estos elementos esenciales de tu carta natal (puedes consultar el capítulo **Ejemplo de carta natal**, página 67) te ayudarán a descubrir los secretos cósmicos de tu carácter y de tu funcionamiento interno.

## Cómo determinar tu signo solar

Identificar tu signo solar es sencillo.
Busca el periodo en el que cae el día de
tu cumpleaños en la lista de abajo:

| | |
|---|---|
| **Aries** | 21 de marzo – 20 de abril |
| **Tauro** | 21 abril – 21 de mayo |
| **Géminis** | 22 de mayo – 21 de junio |
| **Cáncer** | 22 de junio – 22 de julio |
| **Leo** | 23 de julio – 23 de agosto |
| **Virgo** | 24 de agosto – 22 de septiembre |
| **Libra** | 23 de septiembre – 23 de octubre |
| **Escorpio** | 24 de octubre – 22 de noviembre |
| **Sagitario** | 23 de noviembre – 21 de diciembre |
| **Capricornio** | 22 de diciembre – 20 de enero |
| **Acuario** | 21 de enero – 18 de febrero |
| **Piscis** | 19 de febrero – 20 de marzo |

# Los signos

## Aries (21 de marzo – 20 de abril)

**Símbolo:** carnero
**Elemento:** fuego
**Planeta dominante:** Marte

Los nacidos bajo el signo de Aries son valientes y resueltos, pero también pueden ser algo infantiles, impacientes e impulsivos. Son resolutivos, directos y son capaces de tomar decisiones fácilmente y con claridad. Son líderes natos y, al igual que el carnero, defienden con obstinación su independencia. Les encanta ir en busca de emociones, con pura alegría de vivir.

## Tauro (21 de abril – 21 de mayo)

**Símbolo:** toro
**Elemento:** tierra
**Planeta dominante:** Venus

Los Tauro son pacientes y fiables y están dotados de gran perseverancia. Demuestran una profunda lealtad hacia la familia y los amigos y su fuerza y su tranquila determinación son fuente de inspiración para los demás. A los Tauro no les gustan los cambios y no soportan cuando alguien les mete prisa. Anhela estabilidad y la comodidad de su hogar. En las relaciones, busca seguridad emocional; a lo mejor le lleva un poco de tiempo encontrarla, pero cuando sucede se esfuerza como nadie para mantenerla.

## Géminis (22 de mayo – 21 de junio)

**Símbolo:** dos gemelos
**Elemento:** aire
**Planeta dominante:** Mercurio

Los nacidos bajo el signo de Géminis son personas alegres y optimistas, aunque también curiosas y racionales. Son excelentes comunicadores y son increíblemente sociables, siempre dispuestos a interactuar con cualquier persona que se encuentren. El elemento de dualidad que los caracteriza puede llevarlos a tener dos lados muy distintos en su personalidad y poseen una vena cambiante y superficial que deben esforzarse por tener bajo control. En sus relaciones, buscan vivacidad y tienen un talento único para encontrar cosas en común con todo el mundo.

## Cáncer (22 de junio – 22 de julio)

**Símbolo:** cangrejo
**Elemento:** agua
**Planeta dominante:** Luna

Los nacidos bajo el signo de Cáncer son almas atentas, inmensamente protectoras con sus amigos y seres queridos. Tal y como el animal que los representa, el cangrejo, ocultan su sensibilidad bajo un caparazón muy duro. Como son testarudos y resueltos, puede ser difícil convencerlos de que renuncien a algo que se han propuesto. También pueden ser algo polémicos, pero en su lado más íntimo les fluye una vena de profunda bondad.

## Leo (23 de julio – 23 de agosto)

**Símbolo:** león
**Elemento:** fuego
**Planeta dominante:** Sol

Los nacidos bajo el signo de Leo siempre están buscando atención, aunque saben llenar de energía a los que los rodean. Para ellos no existe nada mejor que tener un público que los adore y que esté orgulloso de su propia exuberancia. Destacan por su creatividad y su organización y a menudo consiguen transmitir esta segunda característica a quienes llevan una vida más bien caótica, incluso cuando nadie se lo pide. Suelen adoptar el rol dominante en sus relaciones, pero siempre traen consigo generosidad, calor y bondad.

## Virgo (24 de agosto – 22 de septiembre)

**Símbolo:** mujer joven
**Elemento:** tierra
**Planeta dominante:** Mercurio

Los Virgo siempre están en movimiento, se esfuerzan más que los demás signos y suelen buscar la perfección. Son personas prácticas, organizadas y cuidadosas y siempre están dispuestas a brindar ayuda y consejos para ayudar a los demás. Aunque en las relaciones son amables y pacientes, los nacidos bajo el signo de Virgo pueden necesitar validación para ganar confianza en sí mismos y conseguir tener una actitud más relajada.

## Libra (23 de septiembre – 23 de octubre)

**Símbolo:** balanza
**Elemento:** aire
**Planeta dominante:** Venus

Los nacidos bajo el signo de Libra utilizan sus habilidades diplomáticas para conseguir paz y armonía en todas las áreas de sus vidas. Cuando tienen que tomar una decisión, reflexionan durante mucho tiempo y a menudo buscan que los demás los aconsejen para orientarse mejor. Estas personas encantadoras tienden a evitar situaciones estresantes y buscar la felicidad en el equilibrio. En las relaciones son románticos y generosos, por lo que tienen expectativas muy altas en el amor.

## Escorpio (24 de octubre – 22 de noviembre)

**Símbolo:** escorpión
**Elemento:** agua
**Planeta dominante:** Plutón

Escorpio es uno de los signos más emocionales del zodiaco y uno de sus rasgos más característicos son los celos que los nacidos bajo este signo deben esforzarse por contener. Sin embargo, combinada con una gran fuerza de voluntad, esta emoción puede llevarlos a conseguir cualquier objetivo que se propongan. Los nacidos bajo el signo de Escorpio gozan de una energía inagotable y a menudo consiguen grandes logros. Además, su profunda capacidad de pensamiento analítico los empuja a encontrar la raíz de sus problemas. En las relaciones, cuando se fijan en alguien, hacen lo posible por obtener lo que quieren y son sumamente fieles.

## Sagitario (23 de noviembre – 21 de diciembre)

**Símbolo:** arquero
**Elemento:** fuego
**Planeta dominante:** Júpiter

Los nacidos bajo el signo de Sagitario adoran ir en busca de emociones, siempre están preparados para los desafíos y para la aventura. Su entusiasmo y optimismo pueden ser contagiosos, por lo que suelen ser muy queridos por los demás, que aprecian su compañía y sus ganas de vivir. En las relaciones detestan sentirse limitados. Su mente inquieta y su espíritu independiente los llevan a aburrirse con facilidad y suelen necesitar que sus relaciones se mantengan frescas e interesantes.

## Capricornio (22 de diciembre – 20 de enero)

**Símbolo:** cabra
**Elemento:** tierra
**Planeta dominante:** Saturno

Los nacidos bajo el signo de Capricornio son realistas y afrontan las situaciones de manera lógica. Les gustan la calma y la constancia y se van moviendo tranquilamente hacia sus objetivos con serenidad y sin prisa. Poseen un sentido del humor único y, en sus relaciones amorosas, son personas leales y cariñosas.

## Acuario (21 de enero – 18 de febrero)

**Símbolo:** portador de agua
**Elemento:** aire
**Planeta dominante:** Urano

Los nacidos bajo el signo de Acuario a menudo son personas excéntricas y poseen un estilo único. Son muy amigables y, a veces, incluso puede parecer que están demasiado disponibles. Cuando conocen gente nueva, sienten una auténtica curiosidad por saber sobre ellos, lo que los lleva a hacer una avalancha de preguntas sobre sus vidas mientras ocultan las propias tras un halo de misterio. Son independientes y necesitan su propio espacio, por lo que puede resultarles difícil mantener relaciones duraderas.

## Piscis (19 de febrero – 20 de marzo)

**Símbolo:** dos peces
**Elemento:** agua
**Planeta dominante:** Neptuno

Los nacidos bajo el signo de Piscis son personas amables y dispuestas a hacer lo que sea por parecer amigables y generosas con los demás. Este bondadoso signo es el abanderado de la compasión y la comprensión y los Piscis no temen mostrar sus sentimientos, abrirse y compartir sus emociones con quienes realmente les importan. En las relaciones pueden ser excesivamente afectuosos y siempre están listos para expresar sus sentimientos.

# Los elementos

Los doce signos solares están divididos en cuatro grupos, cada uno de ellos representado por un elemento. Los tradicionalistas creen que estos elementos esenciales constituyen la materia de la que está hecha el universo. Fuego, aire, agua y tierra se consideran los cuatro principios de la vida y corresponden a su vez a los cuatro principios de la psique. Conociendo el elemento de nuestro signo podremos adentrarnos aún más a fondo en las características que lo definen.

## Fuego
### Aries, Leo y Sagitario

Los signos de fuego son inteligentes, vivaces, artísticos y apasionados. Confían enormemente en su sentido de la independencia y no evitan expresar su opinión. Siempre llenos de optimismo, los signos de fuego son muy trabajadores y no temen la presión que pueda suponer tener un puesto de poder.

## Tierra
### Tauro, Virgo y Capricornio

Los signos de tierra prestan mucha atención a los detalles. Son personas prácticas y con los pies en la tierra, aunque también saben mirar hacia el futuro y empezar a construirlo con antelación. Los nacidos bajo los signos de tierra son personas sencillas y a menudo se los llama los «jardineros del zodiaco», en parte por el cuidado y la atención que dedican a su familia y amigos.

## Aire
### Géminis, Libra y Acuario

Los nacidos bajo los signos de aire son criaturas sociales, saben leer el ambiente de cualquier situación y entablar conversaciones interesantes. Son ingeniosos y divertidos y, al mismo tiempo, saben escuchar cuando alguien necesita de un oído amigo.

## Agua
### Cáncer, Escorpio y Piscis

Los signos de agua están en sintonía con sus emociones y son empáticos y considerados con los demás. Siempre están dispuestos a ofrecer su ayuda y a dar la cara cuando es necesario. Cuentan con gran imaginación y también pueden ser tranquilos y reflexivos.

## El quinto elemento

Algunas fuentes occidentales creen en la existencia de un quinto elemento, conocido en latín como *quinta essentia*, es decir, quintaesencia, espíritu o «éter». A menudo se ignora este elemento, porque describe el alma o el ser espiritual del individuo y está separado del resto. A pesar de que algunas aplicaciones astrológicas tienen en cuenta el quinto elemento cuando analizan los signos, no aparece representado en el horóscopo.

# Las distintas tradiciones astrológicas

A lo largo de los siglos, muchas culturas de todo el mundo han desarrollado su propia tradición y sistema astrológico. Es fascinante ver cómo surgieron y cómo difieren con el resto.

### Occidental

En Occidente, el sistema astrológico más comúnmente utilizado es el que ha derivado de la antigua tradición astrológica basada en los doce signos del zodiaco. Este sistema abarca la cultura popular en la forma más común de los horóscopos de los signos solares, que se centran en el comportamiento y las motivaciones humanas, y se guía por las doce constelaciones asociadas a los doce signos.

### Maya

La astrología maya se basa en un antiguo y complejo almanaque conocido por el nombre de Tzolkin, que consta de veinte signos diarios y trece números galácticos. El calendario se compone de doscientos sesenta días y suele utilizarse para sugerir acontecimientos futuros e identificar distintas características de las personas. En lugar de los elementos, el sistema astrológico maya utiliza las direcciones –Norte, Este, Sur y Oeste–, atribuyendo a cada una diversos significados y asignando a cada signo diario una dirección.

## Védica

La astrología védica o *jyotisha* proviene de las antiguas tradiciones indias y es una de las formas de astrología más remotas practicadas en Oriente. Aunque los zodiacos védico y occidental sigan más o menos los doce signos, tienen fechas diferentes; por ejemplo, Aries va del 13 de abril al 14 de mayo y Tauro del 15 de mayo al 14 de junio (en vez de ser del 21 de marzo al 20 de abril para Aries y del 21 de abril al 21 de mayo para Tauro). Esto se debe a que la astrología védica se basa en las posiciones fijas y observables de las constelaciones, mientras que la astrología occidental pone el foco en el movimiento de la Tierra sobre su eje durante miles de años y se basa en la posición variante del Sol.

## China

Este sistema se basa en los ciclos lunares y en el poder de los cinco elementos: madera, fuego, tierra, metal y agua. A partir de la antigua filosofía china y el concepto del yin y el yang, cada año está asociado a un animal y a un elemento.

# Las distintas técnicas astrológicas

Existen numerosas prácticas astrológicas diferentes, pero las que se exponen a continuación son algunas de las más utilizadas en todo el mundo.

## La astrología moderna

También conocida como *astrología psicológica*, es el tipo de astrología más popular en Occidente y la técnica que se expone en este libro. Se trata de una práctica con muchas capas de profundidad, pero en términos simples la astrología moderna estudia la posición de los planetas según tu carta natal –es decir, la «fotografía» de los planetas y de las estrellas el día de tu nacimiento– y utiliza esta información para entender tus comportamientos, personalidad y rasgos de carácter. Alan Leo fue un astrólogo británico muy aclamado que reavivó la práctica de la astrología entre finales del siglo XIX e inicios del XX tras su declive a finales del siglo XVII. Generalmente se considera a Leo, que empleaba su signo como pseudónimo, el «padre de la astrología moderna» por la manera en que contribuyó a desviar la atención de la predicción del futuro para centrarla en la exploración de los comportamientos y de la personalidad desde un punto de vista psicológico.

## La astrología horaria

La técnica de la astrología horaria se basa en antiguas tradiciones helenísticas y tiene por objetivo responder a una pregunta creando un horóscopo para el momento en el que se hace. El astrólogo solo proporciona una respuesta simple, es decir, o un «sí» o un «no».

## La astrología mundial

La astrología mundial estudia el efecto que tienen los planetas sobre grupos de personas, lugares o países. Esta rama de la astrología se centra en acontecimientos significativos de la historia para tratar de comprenderlos delineando la carta natal para cada momento histórico. De esa manera, es posible configurar un horóscopo para explicar cómo podrían afrontar o reaccionar las personas a situaciones determinadas.

## La astrología electiva

La astrología electiva estudia el momento óptimo para hacer que suceda un acontecimiento basándose en la posición de los planetas. Un astrólogo podría, por ejemplo, aconsejarte que te cases en el momento en que Venus, el planeta del amor y de la armonía, esté alineado con la posición del planeta de tu carta natal.

## La astrología de las relaciones

Esta rama de la astrología valora el grado de compatibilidad de dos personas en el amor. El astrólogo estudia las cartas astrales de cada persona para ver cuánto congeniarían. Existen dos métodos. El primero es la *sinastría*, que compara ambas cartas natales al mismo tiempo, mientras que el segundo, el *método compuesto*, mide los puntos medios de los planetas de las cartas natales de ambas personas para configurar una nueva carta para la pareja, que después se interpreta desde cero.

## La astrología tradicional

Hasta el siglo XX y la introducción de la astrología moderna, la mayor parte de las ramas de la práctica venían considerándose «tradicionales». Esta forma se basa en las previsiones y utiliza solo los siete «planetas» visibles a simple vista, es decir, el Sol, la Luna, Mercurio, Venus, Marte, Júpiter y Saturno.

## La astrología locativa

La astrología locativa examina la carta natal para determinar el lugar en que el sujeto debería vivir o pasar tiempo. Según la posición de ciertos planetas con respecto a los del sujeto, es posible obtener consejo sobre dónde debería vivir o pasar unas vacaciones. Si, por ejemplo, quisieras saber el destino ideal para realizar un viaje, un astrólogo podría ver la posición de Venus (que representa el placer) y de Júpiter (que representa los viajes a larga distancia) para deducir cuál sería el lugar ideal. Esta técnica también se conoce como *astrocartografía*.

# La astrología médica

La astrología médica concierne a la salud de una persona, por lo que el astrólogo utiliza la carta natal de un individuo para descubrir la causa de determinadas enfermedades. Los problemas de salud, los tratamientos o el área o áreas del cuerpo en que se manifiesta malestar corresponden a posiciones específicas de los planetas.

## ¿Ciencia ficción?

En la actualidad, la astrología moderna está más extendida que nunca y las nuevas generaciones aplican cada vez más sus prácticas para intentar comprender mejor sus vidas. Y la tienen muy en cuenta: un sondeo realizado por la National Science Foundation en los últimos años ha revelado que más de la mitad de los *millennial* considera que la astrología es una ciencia.

# ¿Cómo puede ayudarte la astrología?

La astrología no sirve para predecir el futuro ni para describir tu personalidad de maneras muy concretas; lo que sí puede hacer es mostrarte el poder de algunos de tus rasgos y de determinados acontecimientos que podrían producirse. La astrología puede ayudarte a descubrir tus capacidades en calidad de ser humano y cómo sacarles el máximo provecho a los momentos más desafiantes o llenos de oportunidades. La astrología no niega el libre albedrío, ya que no estamos controlados por los planetas; en cambio, los planetas crean determinadas atmósferas y condiciones que puedes aprender a utilizar a tu favor.

Cuando logres entender por qué te comportas de determinada manera y aprendas a reconocer tus miedos y deseos, te sentirás más a gusto contigo mismo y con tu mundo. Un mejor autoconocimiento te hará tener una mayor consciencia de tus acciones y sus motivaciones.

**LA ASTROLOGÍA
ES UN LENGUAJE.
SI LO APRENDES,
EL CIELO TE HABLARÁ.**

DANE RUDHYAR

# Segunda parte

## Te presento a Capricornio

El décimo signo del zodiaco, Capricornio, tiene un sentido práctico y paciencia a raudales. Te vuelcas con casi toda tu energía en el trabajo y no paras hasta alcanzar la cima. Sabes construir amistades que duran toda la vida y no hay nada que no harías por las personas a las que quieres de verdad. Eres sabio, inteligente, reservado y tradicional, pero nunca aburrido, y tu sentido del humor único es una de tus mejores cualidades.

En las siguientes páginas abordaremos las cosas que más te motivan en todos los ámbitos de tu vida, desde la carrera profesional y la economía, el amor y las relaciones con amigos y familiares hasta la salud y el bienestar. También veremos con qué signos eres compatible, descubriremos qué significados esconden para ti los planetas y aprenderemos qué cosas pueden ser un obstáculo para ti y cuáles son, en cambio, tus puntos fuertes.

# Ficha de Capricornio

**Fecha:** 22 de diciembre – 20 de enero

**Representación:** cabra

**Símbolo:** ♑

**Rasgos de carácter:** reservado, realista y ambicioso

**Parte del cuerpo:** rodilla

**Elemento:** tierra

**Planeta dominante:** Saturno

**Color:** gris

**Piedra natal:** turquesa (diciembre) granate (enero)

**Cristales asociados:** cuarzo rosa, granate, cuarzo ahumado

**Chakra:** raíz

# Curiosidades

- Capricornio es el décimo signo del zodiaco, detrás de Sagitario y antes de Acuario. Es el último signo de tierra después de Tauro y Virgo.

- La palabra *capricorno* significa 'cuerno de cabra' en latín y el símbolo de su constelación es un animal fantástico, un híbrido entre cabra en la parte superior y pez en la parte inferior. Por eso a veces se lo conoce como cabra-pez.

- Los sumerios relacionaban a Capricornio con una criatura mitológica mitad cabra y mitad pez, mientras que los babilonios lo asociaban con un híbrido entre una cabra y un humano.

- La constelación de Capricornio es una de las más tenues del zodiaco, por lo que es bastante difícil reconocerla en el cielo. En ella hay un triángulo formado por tres estrellas que puede servirnos como punto de partida para visualizar el resto de la constelación: se trata de Alpha-2 Capricorni, Beta Capricorni y Omega Capricorni.

- La estrella más brillante de la constelación es Delta Capricorni, que da forma a la cola de la cabra.

- El cúmulo globular de estrellas conocido como Messier 30 es visible en la parte inferior de la constelación.

# Historia de Capricornio

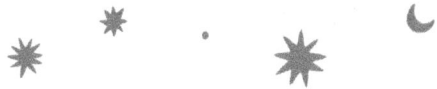

En la mitología griega, Capricornio se asocia a menudo con Pan, el dios del pastoreo, los bosques y las praderas, porque es mitad hombre y mitad cabra. Se le representaba con cuernos y una flauta o flautín en la mano y se le consideraba una criatura lasciva, ya que siempre estaba al acecho de alguna ninfa del bosque. Solía organizar fiestas desenfrenadas y moralmente cuestionables a las que invitaba a otros dioses.

En una ocasión, los festejos fueron interrumpidos por Tifón, un terrible gigante con cuerpo de hombre y una maraña de víboras en lugar de piernas. Todos los dioses se transformaron en animales y escaparon de la fiesta, excepto Pan, que saltó al río en un intento de escapar de la bestia intrusa. La parte inferior de su cuerpo, que había sumergido en el agua, se convirtió en la de un pez, mientras que la superior siguió siendo la de una cabra. Desde ese momento, pasó a ser mitad cabra y mitad pez, el símbolo de Capricornio.

Cuando levantó la vista, Pan vio a Zeus atrapado entre las garras de Tifón, así que salió del agua para acudir en su ayuda y atrajo la atención del gigante prometiéndole un banquete de pescado si liberaba al padre de los dioses. El hambre de Tifón le hizo aceptar la oferta, por lo que Zeus pudo recuperar el control y derrotar con sus rayos a la bestia. El dios le estuvo tan agradecido a Pan que, en el momento de su muerte, quiso inmortalizarlo en la constelación de Capricornio.

# ¿Qué dicen los planetas sobre Capricornio?

Uno de los aspectos más interesantes de la astrología es poder saber lo que nos dicen los planetas cuando pasan por tu signo solar en el zodiaco. Puedes encontrar previsiones sobre los tránsitos planetarios en varias páginas web, como esta: astrosage.com/transits (en inglés). Nota: como son planetas exteriores, Urano, Neptuno y Plutón se mueven mucho más lento ¡y tardan cientos de años en pasar por los doce signos del zodiaco! Por eso, los datos que te pueden dar son mucho más vagos y menos personales que los de otros planetas.

**El Sol:** Objetivo. Tu vocación es ser un líder. Cuando se presenta la oportunidad, haces bien en tomar la iniciativa.

**La Luna:** Instinto. Sientes la necesidad de tener una rutina y una organización para funcionar con la máxima eficacia. Tenerlo todo bajo control te da sensación de seguridad.

**Mercurio:** Comunicación. Te motiva aprender, sobre todo cuando puede llevarte al éxito, así que orientas tus decisiones prácticas en esta dirección.

**Venus:** Amor. Te atraen especialmente las personas con una estructura ósea sólida y, en cuanto a ropa, prefieres las prendas atrevidas y poco convencionales.

**Marte:** Acción. Tienes unos objetivos claros y sabes lograrlos en poco tiempo, moviéndote de manera estratégica y usando tu eficacia para optimizar los esfuerzos que haces.

**Júpiter:** Oportunidad. Gracias a tus cualidades de líder nato, no te asustan las responsabilidades. Cuando estás al mando, sabes actuar de forma práctica y los demás te respetan por ello.

**Saturno:** Autoridad. Te sientes obligado a dar un paso adelante cuando se te presenta una oportunidad. Si es el momento adecuado, tu instinto te lo dirá y sabrás tomar las riendas de la situación demostrando tu valentía.

**Urano:** Cambio. Urano representa los cambios improvisados, la innovación y el progreso de la ciencia y de la tecnología.

**Neptuno:** Imaginación. Neptuno refleja intuición, estilo y belleza. Nos impulsa a hacernos preguntas importantes cuando nos encontramos en busca de nuevos caminos de vida.

**Plutón:** Poder. Plutón nos enseña a considerar una visión más general, sin preocuparnos por las cosas pequeñas. Debido a la exagerada lentitud con la que orbita, puede llevarle de doce a treinta años atravesar un signo y tardar hasta doscientos cuarenta y ocho años en recorrer todo el zodiaco. Por eso, Plutón suele aparecer en las cartas natales de generaciones enteras, motivo por el que se lo conoce como «el planeta generacional».

(2060) Quirón

Algunas ramas de la astrología también tienen en cuenta el movimiento de (2060) Quirón, un planeta menor del sistema solar exterior cuya órbita se encuentra entre Saturno y Urano. Este planeta, descubierto en 1977, nos habla de la autoestima, una cualidad que promueve la sanación de heridas mientras buscas tu propia independencia dentro de la situación que te esté tocando vivir.

# Características y rasgos de personalidad de Capricornio

Las personas nacidas bajo el signo de Capricornio a menudo son seres convencionales a los que les gusta mostrar que siempre saben hacer lo correcto. Sabes ser práctico y lógico en todos los aspectos de la vida, ¡pero no eres nada aburrido! Probablemente tengas un sentido del humor muy tuyo por el que los demás te adoran y te encanta hacer reír a la gente.

Posees una gran inteligencia y sabes dar consejos muy valiosos a las personas que acuden a ti en busca de ayuda. Eres preciso y confiable, un trabajador incansable. Eres un guerrero, nunca decepcionas a la gente y en tu carrera te mueve una gran ambición. En el camino de obstáculos hacia la realización de tus objetivos, no hay casi nada capaz de detenerte. Siempre aspiras a la victoria y no te contentas con el segundo puesto.

Estás orgulloso de tu integridad moral y eres sincero con la gente. Las personas que tratan contigo saben que eres alguien que dice las cosas como son.

Eres prudente y a veces puedes ser demasiado reservado, hasta el punto de parecer una persona muy tímida. No te gusta el riesgo y prefieres valorar los posibles logros antes de tomar decisiones. Por lo general, esta es una cualidad útil en la vida, pero de vez en cuando podrías desprenderte de tanta cautela y decir que sí a algunas cosas por el simple gusto de hacerlas.

# Puntos fuertes y retos
# de Capricornio

### Puntos fuertes

Tu ambición es estimulante y poderosa cuando decides que quieres lograr algo. Persigues tus objetivos con una fuerza y determinación notables.

Eres preciso en todos los ámbitos de la vida, te preocupas por que todo esté en orden y nunca das puntada sin hilo. Por eso, puedes presumir de tener muchos conocimientos de una amplia gama de temas distintos.

Tienes una paciencia admirable. ¡Que aprendan de ti!

### Retos

Como siempre quieres ser el primero en todo, a veces demuestras no saber perder con buena actitud. Conseguir un segundo puesto también es algo positivo y a veces no pasa absolutamente nada. Tu atención al detalle te lleva a perderte en cosas pequeñas y en ocasiones puede generar cierto pesimismo en ti. Para darte un empujoncito, prueba a escribir todas las noches tres cosas por las que te sientas agradecido.

Cuando los Capricornio sienten una ambición desmesurada, a veces pueden terminar desconfiando de sí mismos. Por eso es importante que no pierdas de vista las cosas que te llenan de emociones positivas.

# Intereses, preferencias
# y manías de Capricornio

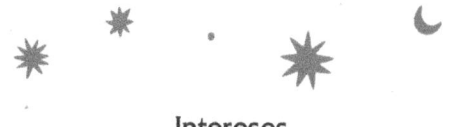

### Intereses

Te gusta pasar el tiempo dedicándote a tus aficiones, especialmente las que puedes hacer desde casa. A las personas nacidas bajo el signo de Capricornio se les suelen dar bien las manualidades, son excelentes coleccionistas y disfrutan realizando actividades manuales, como hacer punto, coser y pintar.

Una de tus mayores pasiones es la jardinería. En esta actividad entra en juego tu paciencia y no hay nada con lo que disfrutes más que ver cómo los frutos de tu trabajo se van transformando en algo precioso o sabroso.

### Preferencias

Tu casa te da estabilidad. Por esa razón, te gusta dedicarte a ella mediante proyectos de bricolaje o de decoración de interiores.

Te encanta hacer ejercicio al aire libre. Algunas de tus actividades favoritas son caminar y correr. Cuando hace buen tiempo, practicar yoga en algún lugar al aire libre te viene genial para mantener la motivación.

No eres muy fan de las fiestas ruidosas ni de ir a bares; prefieres socializar en situaciones más tranquilas, como ir al teatro o al cine con otra persona.

# Manías

Pasas de los objetos graciosos pero económicos. Prefieres comprar menos cosas, pero que duren más tiempo, fijándote más en la calidad que en la cantidad.

Detestas tener que tomar decisiones apresuradas. Prefieres poder tomarte el tiempo necesario para pensar y considerar todas las opciones antes de tomar una decisión.

# Estilo de comunicación de Capricornio

Los Capricornio son prácticos y resueltos, pero también pueden ser algo tímidos. Tu ambición puede ser silenciosa, pero siempre estás pendiente de las cosas y absorbiéndolo todo. Tu indecisión a la hora de involucrarte en relaciones puede llevarte a reprimirte y a no mostrar cómo te sientes de verdad. Es probable que decidas ocultar tus emociones si no confías realmente en la otra persona.

No obstante, la gente te respeta mucho y acude a ti por los sabios consejos que sabes dar, con una buena dosis de brusquedad sincera. Pero también eres amable y considerado con los sentimientos de los demás y te preocupas por que se sientan a gusto con sus propias decisiones.

Consigues que no te afecten las cosas y sabes mantener la calma en momentos de crisis, cualidad que a veces la gente envidia de ti. Sabes cumplir tus tareas con determinación y motivar al mismo tiempo a las personas que trabajan contigo.

Aunque a veces te consideren una persona muy seria y racional, tienes un excelente sentido del humor y sabes en qué momentos usarlo.

# Compatibilidad de Capricornio con otros signos

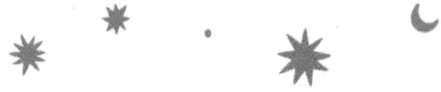

Recuerda que estas observaciones son orientativas y tienen sus excepciones: el zodiaco sigue sus propios caminos misteriosos, por lo que, aunque tu signo pueda ser aparentemente incompatible con el de un ser querido, no significa que debas terminar con esa amistad o que no pueda ir a más. Como siempre, el zodiaco no es más que una guía.

**Aries:** Mientras que Aries está centrado en el aquí y el ahora, Capricornio prefiere pensar en planes a largo plazo.

**Tauro:** A Tauro se le da especialmente bien hacer que Capricornio mantenga los pies en la tierra cuando surgen acontecimientos demasiado frenéticos, mientras que Capricornio sabe cómo motivar a Tauro a aspirar a lo más alto.

**Géminis:** Los Géminis admiran la manera en que Capricornio sabe afrontar la vida con practicidad y ambos signos consideran al otro interesante y atractivo.

**Cáncer:** Aunque estos dos signos son muy diferentes, pueden tener una relación muy intensa si se enciende la chispa entre ellos.

**Leo:** Entre estos dos signos existe cierta tensión, porque el carácter divertido de Leo puede poner de los nervios al serio Capricornio, pero gracias a estas dos cualidades pueden hacerse bien el uno al otro.

**Virgo:** Son dos signos muy productivos que saben cumplir con sus proyectos y divertirse en el proceso.

**Libra:** Estos dos signos son capaces de establecer una conexión emocional y el uno sabe darle al otro lo que necesita.

**Escorpio:** Escorpio y Capricornio tienen un sentido del humor afín y ambos saben aportar una buena dosis de misterio a la relación.

**Sagitario:** Estos dos signos son ambiciosos y comparten la capacidad de saber hablar con franqueza.

**Capricornio:** Un Capricornio con otro Capricornio forman una pareja muy apasionada, pero tienen que saber dedicarse bastante tiempo a ellos mismos fuera del trabajo.

**Acuario:** Acuario ve en Capricornio un misterio, mientras que Capricornio ve en Acuario alguien en quien puede confiar.

**Piscis:** Estos dos signos podrían hablar durante horas y horas y el fuego de su amor arde con fuerza.

# Relaciones, amistades
# y familia para Capricornio

Es más probable que Capricornio se rodee de un pequeño grupo de amigos y personas cercanas que de un enorme círculo de amigos de copas y conocidos.

Te tomas las amistades muy en serio, eres leal y confiable y siempre estás dispuesto a dejar lo que estés haciendo cuando un amigo te necesita. Los consideras parte de tu familia y ellos piensan lo mismo de ti. Sueles forjar vínculos duraderos y mantienes relación con tus amigos de la infancia incluso cuando vais creciendo y pasando por diferentes etapas de la vida.

Cuando conoces gente nueva, eres simpático, aunque reservado, y no revelas muchas cosas sobre ti mismo ni dejas ver tus cartas enseguida. Cuando piensas que has conocido a alguien de confianza, podrías incluirlo en tu círculo más cercano, pero tiendes a hacerlo con cautela, aunque aún no hayas tenido experiencias negativas con otras personas.

La familia es importante para ti, pero prefieres mantenerla separada de la esfera de tus amistades. Cuando chocas con algún miembro de tu familia, suele ser necesario que alguien medie entre vosotros mientras tú te mantienes firme en silencio respecto a la otra persona.

# El amor y el sexo
# en Capricornio

Los Capricornio son considerados, amables y atentos, pero no expresan tan fácilmente sus sentimientos. Prefieres ocultar lo que sientes de verdad hasta que sientas que esa relación es la adecuada para ti y solo entonces te abres por completo con tu pareja.

Te atraen las personas sensibles, atentas y amables que tengan un buen sentido del humor. En las relaciones necesitas sentirte seguro, por lo que siempre vas a elegir estar con alguien que sepa responder a esa necesidad.

En las relaciones más duraderas, puedes mostrar tu lado más tradicional y expresar tu deseo de construir una familia. Después de todo, eres una persona a la que le encanta tener planes a largo plazo y este aspecto se puede apreciar perfectamente en tus relaciones románticas.

En la cama te gusta evadirte y olvidar el mundo que hay más allá de la habitación: apagas los dispositivos electrónicos, enciendes una vela perfumada y disfrutas de ese momento con la persona a la que amas, toda para ti.

**SIN LA ASTROLOGÍA,
SE PODRÍA DECIR
QUE EL HOMBRE CAMINA
EN EL CREPÚSCULO DE
LA IGNORANCIA.**

LUKE DENNIS BROUGHTON

# El trabajo y el éxito
# en Capricornio

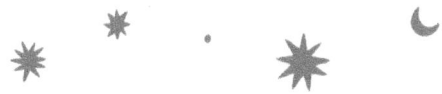

Las personas nacidas bajo el signo de Capricornio son grandes trabajadores, gracias a lo cual saben obtener muchas cosas. Son extremadamente ambiciosos, pero muchas veces en silencio, y avanzan hacia sus objetivos de manera gradual, reflexionando sobre cada uno de sus movimientos en el proceso.

Los Capricornio pasan mucho tiempo pensando en su futuro e imaginándoselo. No suelen terminar haciendo algo o dedicándose a una carrera cualquiera por casualidad: saben lo que quieren y se esfuerzan para conseguirlo.

Si eres Capricornio, posees una gran motivación que puedes aprovechar trabajando de manera autónoma y probablemente tengas muchas ideas sobre cómo gestionar mejor las actividades que realizas. A veces se te ocurren tantas cosas que te pones a darles ideas a los demás, animándolos a que se arriesguen a emprender su propio negocio.

Tu lado racional sabe avisarte de cuándo una idea vale la pena y eres tan precavido que te gusta controlar todos los aspectos de tu proyecto y tener en cuenta cómo va avanzando, de manera que siempre sepas cómo proceder para llevar a flote tu negocio.

# El dinero y la riqueza en Capricornio

Tienes un gran potencial para ganar mucho dinero gracias a tu ambición y a tu carrera profesional, pero no se te da bien gastarlo y tiendes a guardarlo en cuentas de ahorro e inversiones de alto rendimiento.

Los gastos significativos te preocupan y nunca corres riesgos: siempre reflexionas e investigas meticulosamente todos los aspectos antes de tomar decisiones financieras y evalúas tus inversiones con atención para asegurarte de tener garantías de seguridad, normalmente mediante asesoramiento profesional.

Tu actitud frente al dinero podría significar que las personas de tu mismo signo tienden a emprender con éxito carreras relacionadas con los números, ya sea en un puesto como contable u otra profesión dentro de un banco en cualquier otro sector financiero. ¡O tal vez como profesor de Matemáticas! También cabe decir que a veces tu prudencia respecto al dinero puede llevarte a ser una persona avariciosa, dada tu tendencia a no gastar y tu deseo de expandirte.

Considera daros algún capricho de vez en cuando a ti y a tus seres queridos, despréndete de esa imagen de avaricioso y disfruta un poco del dinero que has ganado trabajando tan duro. ¡Al fin y al cabo, solo se vive una vez!

# Salud y bienestar
# en Capricornio

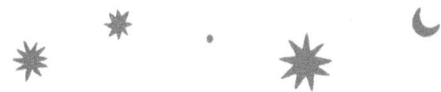

Es muy importante que te des un poco de tiempo libre de la ajetreada vida laboral que llevas, tanto como para desfogarte como para relajarte. Hacer ejercicio libre de manera regular al aire libre puede ser un remedio para ti y tus niveles de estrés. Sal de casa y busca la tranquilidad de un baño en solitario. Ve a la piscina más cercana, ya sea cubierta o al aire libre, y esfuérzate en tener consciencia de tus movimientos y del entorno que te rodea mientras te mueves en el agua.

Otra manera de sacarle provecho a la naturaleza es nadar en aguas abiertas o frías. Ya son muchos los apasionados a los baños en ambientes naturales que afirman sentirse recargados de energía para todo el día después de un baño en un entorno natural y desde siempre se piensa que las inmersiones en agua fría son excelentes para nuestro físico. Si quieres profundizar un poco más, puedes buscar información sobre el método Wim Hof.

Abraza todas las actividades que le hacen bien a tu alma: sal a la naturaleza y date una vuelta por el campo o la montaña. También puedes probar a darte «baños de bosque», una forma de terapia natural que se originó en Japón y que consiste en caminar o estar en la naturaleza para establecer una conexión consciente con el entorno. Esta práctica garantiza numerosos beneficios para nuestra salud física y mental

# Tercera parte

## Tu horóscopo y tú

Ahora ya puedes empezar a poner en práctica los nuevos conocimientos que tienes sobre ti mismo: es el momento de crear tu carta natal. A lo largo de las siguientes páginas aprenderás a configurarla y, sobre todo, a interpretarla. A primera vista puede parecer algo complejo, pero no te preocupes, porque este capítulo contiene toda la información e indicaciones necesarias para saber cómo hacerlo. Te va a guiar paso a paso. Desde tu ascendente hasta tu signo lunar, pasando por significados ocultos de los planetas y las casas, estás a punto de descubrir los misterios del cielo estrellado.

# La astrología para la adivinación y como guía

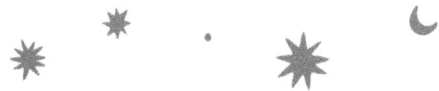

Configurando tu carta natal para descubrir las posiciones de los planetas y de los signos del zodiaco y en qué casas astrológicas se encontraban en el momento de tu nacimiento, puedes llegar a obtener un profundo conocimiento sobre ti mismo. Gracias a esta visión general, vas a poder comprender aún más a fondo tus motivaciones y las razones detrás de tus comportamientos. También vas a poder visualizar un cuadro más claro de la persona que podrías llegar a ser en el futuro, qué cosas te esperan y cómo podrías sacarle el máximo partido.

Tanto si te sientes incomprendido como si necesitas un poco más de claridad, la bóveda celeste sabrá servirte de apoyo. Si tienes decisiones importantes que tomar en el horizonte, puedes recurrir a la astrología para encontrar respuestas y tranquilidad. Aunque no pueda darte soluciones concretas, la astrología siempre podrá proporcionarte elementos sobre los que reflexionar y con los que relacionarte.

Las casas abarcan numerosos aspectos de tu vida y los planetas y signos del zodiaco se basan en tu personalidad: ¡el cielo y las estrellas te proporcionarán un auténtico enfoque integral!

En las siguientes páginas aprenderás a configurar tu carta natal (gracias a internet y a la tecnología, es mucho más sencillo que en el pasado) y a comprender el significado de los segmentos y de los símbolos, verás cómo se calculan el ascendente y el signo lunar y profundizarás en el conocimiento de los planetas y las casas, en su influencia en tu vida y en cómo interpretar sus significados.

# Qué hacer y qué no hacer

### Qué hacer

- Recuerda que la astrología es solo una guía.

- Piensa bien antes de tomar decisiones importantes.

- Dirígete a un astrólogo experto si tu lectura te preocupa o si necesitas alguna aclaración.

### Qué no hacer

- No te tomes las cosas demasiado al pie de la letra: lo que vas a obtener no son más que interpretaciones útiles para que puedas encontrar un significado respecto a tu vida.

- No tengas prisa: sigue tu ritmo y todo se irá viendo cada vez con mayor claridad.

- No te obsesiones con los resultados que obtengas: mañana será otro día y las cosas podrían cambiar.

**UN NIÑO NACE
EL DÍA Y A LA HORA
EN QUE LOS RAYOS
CELESTES ESTÁN
EN ARMONÍA MATEMÁTICA
CON SU KARMA INDIVIDUAL.**

Sri Yukteswar

# Cómo configurar
# tu carta natal

Para configurar tu carta natal, simplemente debes saber el día y el lugar de tu nacimiento. No obstante, es necesario conocer la hora exacta.

Si no la sabes, pregúntasela a tus familiares, consulta los registros médicos o busca en tu diario de nacimiento si tus padres hicieron uno, porque es imposible (¡imposible!) configurar una carta natal exacta sin esta información.

A veces también conocida como *carta astral*, tu carta natal es una fotografía de la posición de los planetas y las estrellas que había en el cielo en el momento exacto de tu llegada a la Tierra. Se trata de una disposición única e irrepetible y puede ser una guía muy valiosa para tu viaje hacia una mejor autocomprensión.

En el pasado, configurar una carta natal era un proceso laborioso, pero gracias al poder de internet ahora puedes obtener una en pocos minutos. Puedes visitar la página astro.com (en inglés) y escoger una de las cartas natales gratuitas, de las más simples a las más complejas. Incluso la carta natal más «simple» te parecerá indescifrable en un primer momento, pero después le pillarás el truco.

TimePassages (disponible en inglés) es una aplicación de pago muy fácil de usar con la que podrás configurar tu carta natal y, si deseas profundizar aún más, también podrás leer los horóscopos cotidianos basados en tu información personal y en los tránsitos astrológicos. También puedes utilizarla para comparar tu carta natal con la de un amigo o un compañero.

# Ejemplo
# de carta natal

# Los símbolos

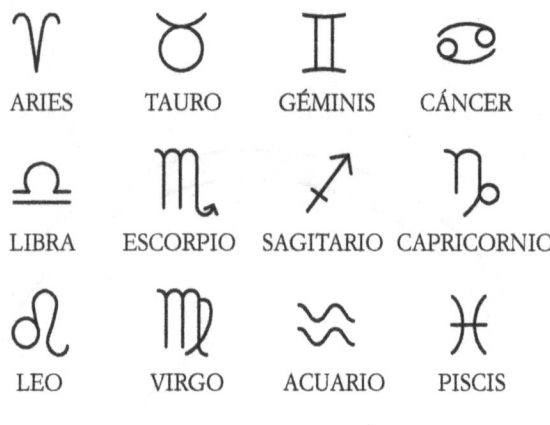

| | | | |
|---|---|---|---|
| ARIES | TAURO | GÉMINIS | CÁNCER |
| LIBRA | ESCORPIO | SAGITARIO | CAPRICORNIO |
| LEO | VIRGO | ACUARIO | PISCIS |

# Los planetas

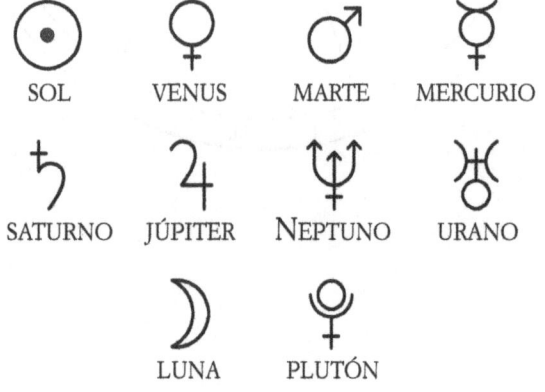

| | | | |
|---|---|---|---|
| SOL | VENUS | MARTE | MERCURIO |
| SATURNO | JÚPITER | NEPTUNO | URANO |
| | LUNA | PLUTÓN | |

# Cómo leer tu carta natal

Cuando se estudia una carta natal, se recomienda hacerlo con una mentalidad abierta. Sé flexible, imaginativo y estate dispuesto a afrontar los desafíos que te presenta. Explora el poder que te ofrece la lectura y mantente abierto incluso a los consejos más inesperados.

Ya hemos hablado sobre los signos del zodiaco, así que en las próximas páginas comenzaremos a estudiar los planetas y las casas, que son los elementos más importantes de las cartas natales. Alrededor de la rueda externa encontrarás los doce signos del zodiaco, mientras que los doce segmentos internos superpuestos a ellos son las casas.

La línea que atraviesa el centro de la rueda representa el horizonte, donde «AC» es el ascendente o el Sol levante y «DC» constituye el signo descendente. En la línea vertical, «MC» representa el medio cielo o zénit, mientras que «IC» es el *imum coeli* o fondo del cielo.

Y ahora vamos a descubrir qué significa todo esto. Sigue las instrucciones de las páginas siguientes para descubrir cómo.

### Los planetas

Observa la posición de todos los planetas de tu carta natal. La forma más sencilla de explicar su significado es que los planetas te responden a la pregunta *qué*, mientras que el signo por el que transita cada uno te dice el cómo y el porqué y la casa en la que aparece el planeta representa el área de tu vida para la que es relevante. Al ser el décimo signo del zodiaco, Capricornio rige la décima casa y, por lo tanto, esta casa en particular está asociada con la energía de Capricornio. Si observamos el ejemplo de la carta natal de la página 67, vemos que la Luna transita por Tauro y la décima casa, que simboliza la carrera profesional. En este caso, la Luna puede representar lo que te importa y Tauro la lealtad, lo que tal vez indique la necesidad de tomar decisiones con sabiduría y atención en el ámbito laboral.

## Vínculos entre planetas

Los vínculos entre dos o más planetas en la carta natal pueden revelar más significados. El hemisferio superior de la carta representa tu vida pública, mientras que el hemisferio inferior se corresponde con tu vida privada. La mitad Oeste representa la libertad, mientras que el lado Este constituye el destino. La presencia de más planetas sobre un lado respecto al otro influirá en tu lectura.

## Nodos lunares

Los nodos lunares están representados por los símbolos ☊ y ☋. Corresponden a los puntos de encuentro entre la Luna y la eclíptica o trayectoria del Sol. Cada carta natal cuenta con un nodo Norte y un nodo Sur, cada uno en un extremo. Dado que el nodo Sur representa tu pasado, quién fuiste, tu comportamiento instintivo y tu zona de confort, a veces no viene indicado en las cartas natales, sino que suele estar reservado a las lecturas astrológicas relativas a momentos sucesivos de la vida. En cambio, el nodo Norte representa lo opuesto al nodo Sur: la dirección que deberías emprender en la vida, tus aspiraciones y los desafíos que podrías tener que afrontar como incentivos para tu crecimiento personal. Los signos zodiacales en los que caen estos dos nodos indican cómo deberían aparecer estas características pasadas y futuras.

Por ejemplo, en la carta natal de la página 67, el nodo Norte cae en Tauro, lo que sugiere que tu futuro te reserva oportunidades para ser creativo y la necesidad de encontrar la forma adecuada de expresarte.

**LA BÓVEDA ESTRELLADA
DEL CIELO ES EN VERDAD
EL LIBRO ABIERTO DE LA
PROYECCIÓN CÓSMICA.**

CARL GUSTAV JUNG

# Cómo descubrir
# tu signo lunar

Tu signo lunar viene indicado por el signo astrológico a través del cual la Luna estuviera transitando en el momento de tu nacimiento. La Luna tarda dos días y medio en atravesar cada uno de los signos, por lo que le lleva alrededor de un mes completar un ciclo pasando por todos los signos del zodiaco.

El signo lunar es importante porque habla de tu naturaleza emotiva: tus miedos, tus deseos, tus obsesiones y todo lo que se encuentra en medio de todo eso. A menudo se lo llama «el alma de tu identidad», la parte de tu subconsciente que permanece oculta y que tal vez no conozcas tan bien. Descubrir tu signo lunar puede ayudarte a hacer uso de estos rasgos para comprenderte mejor.

Algunas personas definen el signo lunar como nuestro «niño interior», nuestro centro emocional más íntimo. Puede tener un gran impacto en tu estado de ánimo y en la manera en que tus emociones salen a la superficie.

Seguramente ya conozcas tu signo solar, pero para tener una visión más amplia sobre ti mismo resulta esencial saber también cuál es tu signo lunar. De no hacerlo, podrías sentirte incompleto.

## Cómo calcular tu signo lunar

En el pasado, si querías saber cuál era tu signo lunar, tenías que buscar tu fecha y hora de nacimiento en una efeméride astrológica, es decir, un gran compendio de tablas que muestran, entre otros valores astronómicos, la posición de la Luna y otros cuerpos celestes según los días, los meses y los años. Sin embargo, puedes leer tu signo lunar en tu carta natal. Por ejemplo, en la carta natal de la página 67, el signo lunar cae en Tauro, lo que puede indicar el deseo de sentirse seguro dentro de una relación.

En cualquier caso, no es necesario configurar una carta natal para saber cuál es tu signo lunar. Puedes consultar fácilmente en una calculadora en línea. Tendrás que saber la hora exacta de tu nacimiento, dado que solo unos cuantos minutos de diferencia podrían situarte en otro signo distinto.

# Entender tu signo lunar

**Aries:** Tienes un ánimo impaciente que afronta la vida a buen ritmo. Puede resultarte complicado hacer planes para el futuro cuando solo logras concentrarte en lo que está sucediendo en el presente.

**Tauro:** Tómate las cosas lentamente y con prudencia, conservando la calma y prestando atención a los detalles. Físicamente, sientes la necesidad de mantener a las personas cerca de ti.

**Géminis:** Das lo mejor de ti cuando se trata de aprender y asimilar cosas nuevas, tanto a través de la interacción con los demás como leyendo libros.

**Cáncer:** La seguridad es muy importante para ti y tienes un profundo instinto que te impulsa a proteger también a los que te rodean.

**Leo:** Te gusta sentirte elogiado y buscas validación donde vayas. Te desvives por cultivar tus talentos y sabes ayudar a los demás a descubrir los suyos.

**Virgo:** Sabes cuidar de ti mismo y de los demás de manera muy práctica. El bienestar es importante para ti y el autocuidado es una de tus prioridades.

**Libra:** Te encanta estar acompañado y te atraen las personas con las que puedes hacer amistad fácilmente. El bienestar es tu máxima prioridad, sobre todo en términos de calma y paz.

**Escorpio:** Muestras tus emociones como un libro abierto y puede resultarte difícil contenerlas. Intenta hacer ejercicio físico a un ritmo elevado si sientes la necesidad de deshacerte de ciertos sentimientos.

**Sagitario:** Te gusta tener tu espacio y ser libre de hacer las cosas a tu manera. Prefieres viajar solo y gestionar tus emociones sin la ayuda de los demás.

**Capricornio:** Te encanta la rutina: te gusta tener una estructura que te ayude a gestionar el día a día, además de sentir que lo tienes todo bajo control.

**Acuario:** No te gusta seguir a las masas, siempre prefieres explorar caminos alternativos. Para ti, el sentido de pertenencia a una comunidad es importante, porque te gusta rodearte de personas que piensan como tú.

**Piscis:** A veces tus propias emociones y las de los demás te confunden. Por eso, a menudo la solución ideal es que te tomes un poco de tiempo para ti.

# ¿Qué es el ascendente?

Tu ascendente o «Sol levante» es la constelación que estaba surgiendo en el horizonte oriental en el momento de tu nacimiento ¡y es tan importante como tu signo solar! Al igual que ocurre con los signos solares, existen doce signos ascendentes, desde Aries hasta Piscis. Mientras que el signo solar refleja la personalidad, tu ascendente tiene que ver con tus acciones.

Tomando como ejemplo la carta natal de la página 67, con Capricornio como signo solar, es posible que tengas sentido práctico y seas muy trabajador. Además, el ascendente en Leo podría llevarte a actuar con gran confianza en ti mismo.(puedes consultar el capítulo **Los signos**, en la página 21, para una visión panorámica de todos los signos del zodiaco y sus características).

Tu ascendente está asociado a la primera casa de tu carta natal (puedes consultar el capítulo **Entender las casas de tu carta natal**, en la página 82, para ver las descripciones de las casas), por lo que está relacionado con nuevos inicios y con tu identidad personal. Mientras que tu signo solar representa un cuadro más amplio, tu ascendente representa la superficie de tu personalidad, algo así como una primera impresión de ti.

# Cómo calcular tu ascendente

Hoy en día, solo necesitas hacer una búsqueda en internet para saber cuál es tu ascendente, pero en el pasado los astrólogos necesitaban papel y bolígrafo para calcularlo.

Tu ascendente depende de la hora a la que hayas nacido y es esencial para una carta natal precisa. El ascendente cambia con frecuencia a lo largo del día, por lo que es necesario que sepas la hora exacta de tu nacimiento. ¿Nunca te ha ocurrido que algún apasionado de la astrología te preguntara con insistencia a qué hora habías nacido? ¡Pues ya sabes por qué era! Los doce signos del zodiaco van sucediéndose a lo largo de las veinticuatro horas del día; por eso cada uno dispone de una franja de dos horas en la que podrías situar tu hora de nacimiento. Si naciste de madrugada, tu signo solar también se corresponderá con el ascendente.

Dos Géminis nacidos con quince minutos de diferencia podrían tener ascendentes distintos, por lo que tanto sus cartas natales como sus personalidades podrían diferir notablemente. Puedes servirte de todos estos datos observando tu carta natal, pero si buscas una respuesta rápida puedes calcular tu ascendente aquí: astrosofa.com/ascendant (en inglés).

# Cómo calcular tu descendente

El descendente es el signo que se estaba ocultando en el horizonte occidental en el momento de tu nacimiento. Se encuentra directamente en el lado opuesto de tu ascendente, en la séptima casa, que representa las relaciones (puedes consultar el capítulo **Entender las casas de tu carta natal**, en la página 82, para ver las descripciones de las casas).

El descendente revela tus deseos, con qué personas congenias y qué personas te atraen. Representa los obstáculos externos que constituyen desafíos diarios y deseos que no llegas a resolver. Tu signo descendente es importante para comprender tu forma de comportarte en las relaciones y refleja experiencias que pueden ayudarte a identificar los problemas que existen en una relación laboral.

Por ejemplo, en la carta natal de la página 67, el descendente es Acuario, lo que sugiere que te atraerán las personas cálidas que despierten tu interés. Para descubrir tu descendente, consulta tu carta natal o utiliza el mismo enlace que has utilizado para el ascendente, desplazándote hacia abajo para leer tu perfil astrológico completo: astrosofa.com/ ascendant (en inglés).

# Entender los planetas
# de tu carta natal

Los planetas reflejan una parte de nuestra psique, así que tenemos mucho que aprender para poder comprender bien su significado. Los planetas indican cómo reaccionamos ante las personas y las situaciones que comprenden nuestros sueños y nuestros deseos. No te preocupes si en alguna de las casas de tu carta natal no hay ningún planeta, ¡es bastante común! Cada planeta gobierna un signo, que frecuenta con más regularidad. Sírvete de los datos de debajo para interpretar tu carta natal y vuelve a la página 21 para leer el significado específico que cada planeta tiene para tu signo.

El **Sol** representa nuestro ego, nuestra voluntad y determinación y atraviesa todos los signos del zodiaco en el lapso de un año.

La **Luna** refleja esa parte de nosotros que permanece oculta, nuestros recuerdos y nuestras emociones internas. Pasa por un nuevo signo cada dos días y medio.

**Mercurio** es el planeta de la comunicación, de las noticias y de los viajes. También puede estar relacionado con los rumores y los cotilleos.

**Venus** es el planeta del amor, del romanticismo, de la sensualidad y de la belleza. Nos ayuda a entender nuestro amor hacia los demás, pero también hacia las cosas.

**Marte** es el planeta de la energía, de la acción y del conflicto.

**Saturno** es el planeta del esfuerzo y de la estabilidad. También simboliza las limitaciones que nos vienen impuestas.

**Júpiter** representa el crecimiento espiritual y nos ayuda a comprender ciertos problemas emocionales que pudiéramos tener.

A **Neptuno** a menudo se lo conoce también como la «poesía del alma», porque representa nuestras emociones más profundas y la creatividad.

**Urano** simboliza la rebelión y la lucha por la justicia, tanto en nuestras vidas a nivel personal como a escala global.

**Plutón** está relacionado con el cambio y cómo este nos permite crecer y lograr nuestros sueños. Es el planeta que nos obliga a afrontar nuestros miedos y superarlos.

# Entender las casas
# de tu carta natal

Tu carta natal está dividida en doce secciones que corresponden a los signos solares del zodiaco y en otros doce segmentos superpuestos llamados *casas*. Cada casa representa un aspecto diferente de tu vida cotidiana, desde tu carrera profesional hasta los viajes, el amor o cualquier otro. Cada uno de los planetas de tu carta natal se encuentra en un signo solar o en una casa y sus posiciones son fundamentales para descifrar tu carta natal y comprender mejor cómo funcionas por dentro. Las casas son complejas y tienen muchísimos significados. En las siguientes páginas encontrarás algunas nociones introductorias, pero si quieres profundizar un poco más puedes consultar el capítulo **Recursos**, en la página 123.

# PRIMERA CASA: personalidad

Esta es la casa del yo: representa a tu persona, el cuerpo con el que naciste y tu temperamento. Esta casa simboliza nacimiento y nuevos comienzos y revela nuestra visión de la vida y cómo nuestros primeros encuentros han influido en nosotros y han dado forma a nuestro mundo. Cuando los planetas se mueven en esta casa, nuestros objetivos se manifiestan y empiezan a formarse nuevas ideas.

## Planetas en esta casa

Sol – Crecimiento personal
Luna – Sentimientos profundos
Mercurio – Relaciones
Venus – Belleza
Marte – Fuerza
Júpiter – Optimismo
Saturno – Visión a largo plazo
Urano – Individualidad
Neptuno – Atracción
Plutón – Control

## Signos zodiacales en esta casa

Aries – Motivación
Tauro – Equilibrio
Géminis – Comunicación
Cáncer – Protección
Leo – Acción
Virgo – Orden
Libra – Elegancia
Escorpio – Autodefensa
Sagitario – Visión
Capricornio – Planificación
Acuario – Lucidez
Piscis – Imaginación

# SEGUNDA CASA: bienes y dinero

Esta casa se corresponde con los bienes materiales y con la riqueza personal. Habla sobre tu comportamiento en términos de dinero. También ofrece una idea de ti en relación con las finanzas: tal vez sean una fuente de preocupación, o puede que se te dé bien ahorrar, o quizá tiendas a la frivolidad y gastes muy rápido. Además, en esta casa encontraremos todo lo que para ti tiene un valor, incluido cómo te valoras a ti mismo.

## Planetas en esta casa

Sol – Independencia
Luna – Seguridad
Mercurio – Comunicación
Venus – Sensualidad
Marte – Ambición
Júpiter – Autoconfianza
Saturno – Templanza
Urano – Cambio
Neptuno – Caridad
Plutón – Supervivencia

## Signos zodiacales en esta casa

Aries – Motivación personal
Tauro – Acumulación
Géminis – Ligereza
Cáncer – Posesividad
Leo – Orgullo
Virgo – Moderación
Libra – Equidad
Escorpio – Intimidad
Sagitario – Frivolidad
Capricornio – Planificación
Acuario – Compartición
Piscis – Generosidad

# TERCERA CASA: comunicación

Esta casa te cuenta tu manera de comunicarte con las personas que te rodean. Representa la forma en que te expresas y construyes relaciones con los demás –ya sean amigos, familiares, compañeros, vecinos u otras personas de un círculo más amplio– y, cuando los planetas se mueven en esta casa, puedes recabar información sobre tu red interpersonal. La tercera casa también pone el foco en el aspecto lingüístico de tu comunicación y de tu manera de relacionarte con tus hermanos.

## Planetas en esta casa

Sol – Lenguaje
Luna – Educación
Mercurio – Relaciones
Venus – Armonía
Marte – Competición
Júpiter – Optimismo
Saturno – Autoridad
Urano – Determinación
Neptuno – Intuición
Plutón – Aprendizaje

## Signos zodiacales en esta casa

Aries – Rivalidad
Tauro – Aprendizaje
Géminis – Relaciones
Cáncer – Protección
Leo – Autoconfianza
Virgo – Organización
Libra – Equidad
Escorpio – Educación
Sagitario – Aventura
Capricornio – Planificación
Acuario – Racionalidad
Piscis – Imaginación

## CUARTA CASA: hogar y familia

La cuarta casa hace referencia a tu hogar, ese lugar que consideras tu refugio o donde se encuentra tu familia. Son los lugares en los que sientes pertenencia y seguridad, tus oasis de paz. En este caso no solo se corresponde con tus familiares, sino a la familia que eliges: amigos, seres queridos y personas de tu comunidad. Esta casa habla de tu relación con la figura materna (o con las figuras maternas) de tu vida y de las situaciones en las que nos sentimos queridos y cuidados.

### Planetas en esta casa

Sol – Identidad
Luna – Intimidad
Mercurio – Conversación
Venus – Paz
Marte – Conflicto
Júpiter – Viaje
Saturno – Estabilidad
Urano – Independencia
Neptuno – Lugar sagrado
Plutón – Renovación

### Signos zodiacales en esta casa

Aries – Rivalidad
Tauro – Seguridad
Géminis – Lealtad
Cáncer – Protección
Leo – Orgullo
Virgo – Deber
Libra – Diplomacia
Escorpio – Intimidad
Sagitario – Hospitalidad
Capricornio – Organización
Acuario – Comunidad
Piscis – Música

# QUINTA CASA: creatividad y placer

Esta casa está relacionada con el tiempo libre, con las historias de amor y con esos pequeños portadores de felicidad y descendencia en el mundo: los niños. Tiene que ver con todo lo que te da placer y te regala felicidad, ya sea un proyecto creativo, la sensación de volver a confiar en ti mismo tras un logro profesional o la emoción de conocer a alguien. También es la casa del riesgo, así que, si te gusta apostar o eres un apasionado de los deportes extremos, toma nota.

## Planetas en esta casa

Sol – Atención
Luna – Alegría
Mercurio – Impulsividad
Venus – Comunicación
Marte – Competición
Júpiter – Fertilidad
Saturno – Estrategia
Urano – Originalidad
Neptuno – Arte
Plutón – Transformación

## Signos zodiacales en esta casa

Aries – Acción
Tauro – Arraigo
Géminis – Vínculo romántico
Cáncer – Cuidado de los demás
Leo – Felicidad
Virgo – Humildad
Libra – Perfección
Escorpio – Lealtad
Sagitario – Viajes
Capricornio – Prudencia
Acuario – Valor
Piscis – Romanticismo

# SEXTA CASA: salud y bienestar

Además de con la salud y con el bienestar, esta casa también tiene que ver con tus rutinas. Puedes consultar esta casa si tienes la necesidad de simplificar tu agenda diaria. Mientras que la primera casa hacía referencia al cuerpo con el que naciste, esta se corresponde con el cuerpo que has ido desarrollando a lo largo de tu vida. El autocuidado, el equilibrio entre el trabajo y la vida privada y la salud física y mental están en esta casa.

## Planetas en esta casa

Sol – Objetivo
Luna – Hospitalidad
Mercurio – Red de contactos
Venus – Unidad
Marte – Movimiento
Júpiter – Satisfacción
Saturno – Construcción
Urano – Cambio
Neptuno – Música
Plutón – Alimentación

## Signos zodiacales en esta casa

Aries – Productividad
Tauro – Calma
Géminis – Destreza
Cáncer – Cuidado de los demás
Leo – Autoridad
Virgo – Detalle
Libra – Diplomacia
Escorpio – Actividad
Sagitario – Libertad
Capricornio – Atención
Acuario – Equidad
Piscis – Estructura

# SÉPTIMA CASA: relaciones

Justo en el lado opuesto de la primera, la séptima casa refleja las relaciones que pueden cambiarnos la vida, no solo en lo romántico, sino todas las relaciones significativas que vas creando. Esta casa se centra en los aspectos negativos y positivos de esas relaciones y te brinda consejos para cuando puedas tener desacuerdos con alguno de tus seres queridos.

## Planetas en esta casa

Sol – Individualidad
Luna – Sensibilidad
Mercurio – Comprensión
Venus – Valor
Marte – Resolución
Júpiter – Motivación
Saturno – Esfuerzo
Urano – Independencia
Neptuno – Anhelo
Plutón – Transformación

## Signos zodiacales en esta casa

Aries – Equidad
Tauro – Estabilidad
Géminis – Variedad
Cáncer – Sentimiento
Leo – Deseo
Virgo – Arraigo
Libra – Compromiso
Escorpio – Intensidad
Sagitario – Compañía
Capricornio – Atención
Acuario – Habilidades de apoyo
Piscis – Altruismo

# OCTAVA CASA: sexo, muerte y transformación

En esta casa experimentamos los lados más oscuros de la vida –crisis emocionales, pérdidas y momentos bajos–, así como los rituales, las pruebas y las dificultades de nuestra existencia. Esta casa refleja también las relaciones románticas más intensas y nuestra capacidad para adaptarnos a la naturaleza cambiante de nuestras vidas. Nos enseña que tenemos que abrazar el compromiso, aceptar el cambio y aprender a sacar poder y fuerza interior de las pérdidas que experimentamos.

## Planetas en esta casa

Sol – Exploración
Luna – Intuición
Mercurio – Confidencialidad
Venus – Diplomacia
Marte – Capacidad decisoria
Júpiter – Positividad
Saturno – Límites
Urano – Lucidez
Neptuno – Relaciones
Plutón – Poder

## Signos zodiacales en esta casa

Aries – Impulsividad
Tauro – Inversión
Géminis – Exploración
Cáncer – Intimidad
Leo – Éxito económico
Virgo – Fatalidad
Libra – Equidad
Escorpio – Lujuria
Sagitario – Riesgo
Capricornio – Independencia
Acuario – Racionalidad
Piscis – Entusiasmo

# NOVENA CASA: filosofía y aventura

Esta casa mira hacia lo que todavía desconocemos, hacia lo que se encuentra más allá del horizonte. En ella también tienen cabida los viajes y la educación superior: las personas con planetas en la novena casa de su carta natal a menudo son extremadamente curiosas y aventureras cuando se trata de viajes. Esta casa habla de territorios inexplorados y curiosidad, de la búsqueda de una mejor autocomprensión, pero también de fe y de política.

## Planetas en esta casa

Sol – Autoconfianza
Luna – Ganas de viajar
Mercurio – Lenguaje
Venus – Creatividad
Marte – Temeridad
Júpiter – Aprendizaje
Saturno – Prudencia
Urano – Luminosidad
Neptuno – Espiritualidad
Plutón – Educación

## Signos zodiacales en esta casa

Aries – Independencia
Tauro – Paciencia
Géminis – Curiosidad
Cáncer – Relaciones
Leo – Lujo
Virgo – Disposición
Libra – Equidad
Escorpio – Educación
Sagitario – Falta de límites
Capricornio – Ambición
Acuario – Comunidad
Piscis – Escape

# DÉCIMA CASA: carrera

Esta casa no solo tiene que ver con tus aspiraciones profesionales, sino también con tu estatus social y con la forma en que los demás te aprecian. Si tienes planetas en la décima casa de tu carta natal, sin duda eres una persona ambiciosa en el trabajo y sientes un enorme placer al socializar. Si sientes que te encuentras en una fase de estancamiento, esta casa puede servirte de guía. Cuando los planetas orbitan en esta casa, significa que se aproximan cambios laborales en el horizonte.

## Planetas en esta casa

Sol – Identidad
Luna – Amabilidad
Mercurio – Red de contactos
Venus – Diplomacia
Marte – Competición
Júpiter – Oportunidades
Saturno – Responsabilidades
Urano – Independencia
Neptuno – Creatividad
Plutón – Influencia

## Signos zodiacales en esta casa

Aries – Espíritu emprendedor
Tauro – Lealtad
Géminis – Variedad
Cáncer – Amor por ver crecer a los demás
Leo – Habilidad para autopromocionarse
Virgo – Creatividad
Libra – Diplomacia
Escorpio – Determinación
Sagitario – Realización
Capricornio – Organización
Acuario – Trabajo en equipo
Piscis – Compasión

# UNDÉCIMA CASA: amistad

En esta casa se sitúa nuestro círculo social más cercano y es donde encontramos nuestro lugar en las redes interpersonales de nuestras vidas. Aquí vemos representados la amistad, el trabajo en equipo y los objetivos comunes, así como nuestra red de apoyo, los conocidos y la manera en que pasamos nuestro tiempo con las personas que nos rodean. En esta casa aparecen nuestros valores sociales y políticos y nuestra capacidad para trabajar con los demás.

## Planetas en esta casa

Sol – Compartición
Luna – Extroversión
Mercurio – Red de contactos
Venus – Atracción
Marte – Competición
Júpiter – Mente abierta
Saturno – Esfuerzo
Urano – Libertad
Neptuno – Sacrificio personal
Plutón – Emancipación

## Signos zodiacales en esta casa

Aries – Energía
Tauro – Constancia
Géminis – Diversidad
Cáncer – Seguridad
Leo – Habilidades de liderazgo
Virgo – Amabilidad
Libra – Armonía
Escorpio – Fuerza
Sagitario – Iniciativa
Capricornio – Control
Acuario – Equidad
Piscis – Comprensión

# DUOCÉDIMA CASA: sacrificio

A menudo definida como la casa del inconsciente, se la conoce también como «la oscuridad antes del amanecer»: oculta justo bajo el horizonte, completa el círculo de casas antes de que el ciclo vuelva a comenzar. El «inconsciente» nos habla de todas las cosas que carecen de forma física: los sueños, las emociones, los secretos… En esta casa, los planetas adquieren un carácter sobrenatural y se reconocen tus buenas acciones.

## Planetas en esta casa

Sol – Objetivo
Luna – Compasión
Mercurio – Imaginación
Venus – Reflexión personal
Marte – Valentía
Júpiter – Generosidad
Saturno – Dedicación
Urano – Libertad
Neptuno – Caridad
Plutón – Aceptación

## Signos zodiacales en esta casa

Aries – Iniciativa
Tauro – Relajación
Géminis – Ambición
Cáncer – Amabilidad
Leo – Creatividad
Virgo – Atención a los demás
Libra – Equilibrio
Escorpio – Intuición
Sagitario – Escape
Capricornio – Estructura
Acuario – Recarga
Piscis – Límites

# Cuarta parte

# Cómo cuidar de ti mismo
## con ayuda de la astrología

Todos necesitamos cuidarnos a nosotros mismos y la astrología puede orientarte hacia las prácticas más adecuadas para tu signo solar y tus características. Como Capricornio, eres muy trabajador, por lo que, para cuidarte, tendrás que encontrar la manera de desconectar seriamente al final del día, especialmente antes de acostarte, para evitar que los pensamientos perturben tu sueño nocturno. Correr y nadar, especialmente al aire libre, pueden hacer maravillas para liberarte de la tensión acumulada. Descubrirás que puedes beneficiarte de prácticas como el yoga y la meditación guiada para relajarte. ¿Cuál es la mejor manera de reducir el estrés? En las próximas páginas encontrarás algunas ideas que te indicarán los métodos más adecuados para ti.

# La astrología como guía de las mejores prácticas para ti

Al adaptar la manera en que cuidas de ti mismo a tu signo del zodiaco, puedes aumentar de verdad el poder regenerativo de cada práctica.

Merece la pena investigar un poco para sacarle el mayor provecho a tu tiempo libre y al descanso. En yoga existen diversas posturas que ofrecen mayores beneficios a un signo que a otro según tu personalidad y tu forma de comportarte. También puedes sacarles partido a los cristales que corresponden a tu signo solar, que harán que tu energía fluya con mayor libertad.

En las siguientes páginas, encontrarás los mejores rituales para cuidar de ti mismo según tu signo zodiacal: tarots y cristales, cuerpos celestes y chakras, técnicas de relajación y el tipo de actividad física más adecuado para ti.

Como Capricornio, estás muy centrado en el trabajo y en tus seres queridos. A veces, puede que no consigas liberarte del estrés laboral o del peso de los problemas de los demás.

Tómate un tiempo para ti mismo, recuerda que tú también necesitas que te cuiden de vez en cuando y dedícate tiempo para relajarte y mejorar la calidad de tu sueño. Puedes intentar anotar tus pensamientos y deseos en un diario o incluir cinco o diez minutos de meditación guiada en tu rutina diaria para mantener alejados los malos pensamientos.

# Qué hacer y qué no hacer

### Qué hacer

- Sigue tu ritmo: cuidar de ti mismo no es una carrera.

- Haz cosas que te hagan sentir bien: no todas las sugerencias te sentarán igual.

- Deja que estos consejos te ayuden a cambiar malos hábitos.

### Qué no hacer

- No te exijas más de la cuenta: si tienes una lesión leve y las indicaciones sugieren que hagas un ejercicio intenso, sáltatelo hasta que te sientas mejor.

- No renuncies a cosas que te gustan solo porque no vienen mencionadas entre las específicas para tu signo.

- No corras riesgos si algo no te parece adecuado para ti: debes sentirte seguro y cómodo en todo momento.

**NO SOMOS MÁS QUE
LAS PELOTAS DE TENIS
DE LAS ESTRELLAS, LANZADAS
Y GOLPEADAS A SU GUSTO.**

JOHN WEBSTER

# Rituales relajantes y antiestrés para Capricornio

Para Capricornio, una buena forma de recuperar energía en casa es darse un baño perfumado con aceites esenciales relajantes. Si eres el tipo de persona que necesita estar en movimiento, sal a correr, ve a nadar o haz un entrenamiento de alta intensidad para recargar de energía las pilas.

Prueba a irte a la cama temprano para asegurarte de que dormirás suficientes horas de sueño y establece una rutina vespertina que te ayude a relajarte. Perfuma tu almohada y toda la habitación con aroma de lavanda, apaga los dispositivos electrónicos al menos una hora antes de dormir y métete en la cama con un buen libro o una revista.

Si te cuesta quedarte dormido, puedes utilizar Calm, una aplicación que puede ayudarte a reducir el estrés y aliviar los síntomas de ansiedad con ayuda de meditaciones guiadas, historias para dormir y sonidos relajantes. Seguramente no llegues a escuchar el final de las historias, porque te quedarás frito. Puedes probar la versión gratuita de la aplicación para ver si te convence antes de suscribirte.

También puedes escribir un diario como parte de tu rutina vespertina. Este método te ayudará a mantener a raya los pensamientos negativos al fijarlos en la página antes de irte a dormir. Prueba a anotar todas las tardes tres cosas por las que estés agradecido: pueden ser pequeños detalles que te hayan ocurrido durante el día o cosas más significativas. Descubrirás que, cuanto más lo hagas, más positivo te volverás en tu día a día.

# Posturas de yoga
# para Capricornio

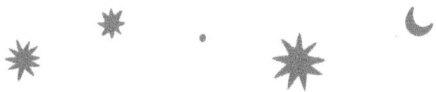

Los beneficios del yoga son muy variados: mejora la flexibilidad del cuerpo, aumenta la fuerza y el tono muscular, es una inyección de energía, estimula la circulación, favorece un sueño profundo y otorga una sensación zen de relajación.

Las posturas de yoga que encontrarás descritas a continuación son perfectas para ti y puedes incorporarlas a tu rutina cotidiana para ayudarte a relajar y estirar los músculos tensos. Asegúrate de calentar siempre antes de realizar actividad física y no te exijas demasiado. Si es la primera vez que practicas yoga, considera apuntarte a una clase con un profesor experto.

### Postura del árbol

Ponte sobre una esterilla con los pies juntos, pon todo el peso en uno de ellos y extiende los dedos. Eleva lentamente el otro pie y apoya la planta sobre el interior del muslo o la pantorrilla, pero ten cuidado de no presionar contra la rodilla. Une las palmas de las manos en el centro del pecho. Si notas que te empiezas a tambalear, concéntrate en un punto fijo, como el suelo, para ayudar a mantener el equilibrio.

Para ir un poco más allá con la postura, puedes llevar las manos en posición de oración sobre la cabeza.

Levanta la barbilla y disfruta del estiramiento durante varios ciclos respiratorios. Después, repite la postura cambiando el lado de la pierna.

## Postura de la cara de vaca

Esta postura de enraizamiento o de conexión con la tierra te ayudará a estirar varias partes del cuerpo: hombros, brazos, pantorrillas, caderas, muslos y espalda. Hará que te sientas centrado y libre de energías estancadas.

Siéntate cómodo sobre el suelo. Cruza la pierna derecha sobre la izquierda, apoyando una rodilla sobre la otra. Lleva el pie derecho a la cadera izquierda y luego el pie izquierdo a la cadera derecha. Extiende el brazo derecho hacia el techo, con los dedos apuntando hacia el cielo y la palma de la mano mirando hacia atrás, y dóblalo por el codo, de forma que te quede la mano por detrás del cuello. Dobla el brazo izquierdo por detrás de ti, extendiéndolo hacia arriba para que puedas unir las dos manos, si puedes. Si te sientes cómodo, mantente en esa postura durante varios ciclos respiratorios. Después, repite la postura cambiando de lado.

## Postura del triángulo

Esta postura de fuerza y apertura es beneficiosa para los muslos, el torso, las caderas, las ingles, los músculos de detrás de los muslos, las pantorrillas, los hombros y la columna vertebral.

Ponte sobre la esterilla con los pies juntos, los hombros abiertos y los brazos a ambos lados del cuerpo, partiendo de la postura de la montaña. Separa los pies de modo que entre ellos haya aproximadamente un metro de distancia. Abre los brazos en cruz a la altura de los hombros con las palmas mirando hacia abajo, paralelas al suelo. Rota el pie derecho noventa grados hacia fuera y gira el izquierdo ligeramente hacia dentro. Ladea la cabeza para mirar por encima del brazo derecho, hacia la punta de los dedos. Mantén la pierna izquierda firme, con el talón bien apoyado en el suelo. Agáchate para llevar la mano derecha hacia el tobillo derecho, si puedes llegar a él, y extiende el brazo izquierdo hacia arriba, con las puntas de los dedos hacia el cielo. Mantén esta postura durante varios ciclos respiratorios y después repite el proceso cambiando de lado.

## Postura de la mariposa

Esta postura sirve para abrir las caderas y el pecho al mismo tiempo que estira la columna vertebral. Siéntate sobre la esterilla y junta las plantas de los pies, dejando caer las rodillas a ambos lados. Entrelaza los dedos de las manos con los dedos de los pies. Inspira y empuja las caderas hacia abajo mientras estiras la cabeza hacia arriba para estirar la columna vertebral. Relaja los hombros y déjalos caer hacia atrás mientras sacas el pecho hacia fuera. Lleva las rodillas lo más cerca que puedas al suelo para abrir las caderas. Mantén la espalda recta, con la columna vertebral estirada y el pecho abierto. Espira y dobla delicadamente el cuerpo hacia delante, a la altura de la pelvis. Cierra los ojos y mantente en esa postura durante varios ciclos respiratorios. Después, descansa unos segundos y repite la postura.

**NO EXISTE MEJOR BARCA
QUE EL HORÓSCOPO
PARA AYUDAR A LOS HOMBRES
A ATRAVESAR EL MAR DE LA VIDA.**

VARĀHAMIHIRA

# Actividades físicas
# para Capricornio

Las personas nacidas bajo el signo de Capricornio suelen preferir ejercicios en los que puedan estar solos con sus pensamientos o intentar librarse de ellos concentrándose en su cuerpo.

Capricornio es el signo del zodiaco más adicto al trabajo, por lo que los ejercicios lentos y constantes pueden ser útiles para hacerle bajar el ritmo. Prueba el yoga Hatha o Ashtanga para relajar la musculatura, concentrarte en la respiración o recargar energías. También podría venirte bien hacer sesiones regulares de meditación o de pilates para fortalecer los músculos del tronco.

Si crees que estas actividades que favorecen la conciencia de uno mismo se adaptan a ti, considera participar en un retiro de yoga, del que podrías obtener excelentes beneficios. Existen numerosas opciones, desde un día a una semana, y a menudo incluyen meditación y comidas saludables.

En tu día a día, puedes probar a correr o nadar durante el tiempo de descanso de la comida, cuando sientas que necesitas desconectar en mitad de un día ajetreado. Puedes ponerte una alarma si ves que el trabajo te atrapa hasta el punto de hacer que se te olvide la hora de comer y te hace estar tenso cuando se va acercando el momento de volver a casa.

Las artes marciales que fortalecen toda la musculatura del cuerpo, como el taekwondo, son excelentes para aumentar la fuerza, la resistencia y la paciencia. Este arte marcial tiene sus raíces en la defensa personal y se basa en técnicas de precisión de puñetazos y patadas y en el entrenamiento de la fuerza mental, lo que requiere la participación de cuerpo y mente a partes iguales.

# Los cristales

Los cristales presentes en la naturaleza poseen propiedades piezoeléctricas y piroeléctricas que los hacen vibrar. Esto, unido al hecho de que también son conductores de calor y electricidad, ha llevado a la creencia generalizada de que pueden transformar tus niveles de energía, ayudarte a encontrar el amor y tener efectos curativos sobre ti.

Los cristales se han empleado para la curación de diversos males desde hace miles de años. Se cree que sus vibraciones ayudan a restablecer los mecanismos naturales de nuestro cuerpo, además de favorecer una sensación de equilibrio, calma y bienestar. A este tipo de práctica se la llama *medicina vibracional*.

A menudo las personas eligen cristales por sus colores y sus propiedades, pero también es clave que piensen en su signo zodiacal y en su fecha de nacimiento. De hecho, obtendrás mayores beneficios si escoges cristales que estén alineados con tu signo solar.

Ten en cuenta también el cuerpo celeste (véase la **Ficha de Capricornio** en la página 39) y los cristales asociados al chakra correspondiente a tu signo solar (véase el capítulo **Los chakras** en la página 119) para obtener los máximos beneficios.

| Chakra | Lugar | Color | Asociaciones emocionales y físicas |
|---|---|---|---|
| Raíz | Base de la columna vertebral | Rojo | Arraigo, independencia |
| Sacro | Debajo del ombligo | Naranja | Aceptación, bienestar, placer |
| Plexo solar | Base de la caja torácica | Amarillo | Confianza en uno mismo, autocontrol, autoestima |
| Corazón | Centro del pecho | Verde | Amor, alegría, paz interior |
| Garganta | Base de la garganta | Azul | Comunicación, expresión personal |
| Tercer ojo | Entre las cejas, por encima | Índigo | Intuición, capacidad de decisión |
| Corona | Parte superior de la cabeza | Violeta | Sensación de conexión, espiritualidad |

# Los cristales según tu signo del zodiaco

**Aries** – jaspe rojo, cornalina, cuarzo citrino

**Tauro** – cuarzo ahumado, amazonita, selenita

**Géminis** – shungita, amazonita, ojo de tigre

**Cáncer** – selenita, labradorita, jaspe rojo

**Leo** – ojo de tigre, cuarzo rosa, granate

**Virgo** – amazonita, amatista, fluorita

**Libra** – ojo de tigre, amatista, piedra de heliotropo

**Escorpio** – turmalina rosa, amatista, azurita

**Sagitario** – lepidolita, cuarzo ahumado, shungita

**Capricornio** – cuarzo rosa, granate, cuarzo ahumado

**Acuario** – lepidolita, amatista, cuarzo turmalinado

**Piscis** – cuarzo, cornalina, crisocola

## Limpieza de cristales

Es importante que prepares tus cristales antes de emplearlos para eliminar energías negativas o pasadas. Enjuágalos en agua corriente durante un minuto y deja que se sequen al aire libre. Después mételos en agua salada y déjalos secando otra vez. Por último, expón los cristales a la luz de la luna o del sol durante doce horas. Entonces estarán listos para ser usados.

## Cómo cuidarte con ayuda de los cristales

Puedes probar a usar los cristales para crear un espacio relajante en tu casa o donde quieras alimentar tu creatividad. Sigue estos pasos para mejorar la calidad de la energía de tu espacio seguro:

- Escoge un espacio tranquilo y acogedor de tu casa, como una zona en la sala de estar o en tu habitación. Tiene que ser un lugar en el que puedas tomarte algún momento libre de ruidos y de otras personas, que te resulte cómodo y que te permita relajarte.

- Deja que el aire fluya en ese espacio para liberarlo de las «energías muertas». Después límpialo físicamente: elimina el polvo y las telarañas que veas, ordénalo y deshazte de los objetos más superfluos para que solo queden unas cuantas cosas que consideres elementales.

- Añade algunos cristales para llenar tu espacio de calma: el cuarzo y la amatista son ideales para este objetivo, ya que estimulan la regeneración, la purificación y la armonía.

- Coloca los cristales en zonas claves donde puedan recibir luz natural y asegúrate de dejar algo de espacio entre ellos para evitar que se toquen.

# Los tarots

Los tarots se emplean para la adivinación y cualquiera es capaz de leerlos. De hecho, no es necesario ser o consultar a un médium para probar con la baraja. Puedes leer el tarot tú mismo o turnarte con un amigo. Los tarots pueden servirte de guía y revelarte nuevos puntos de vista si formulas una pregunta e interpretas las cartas que extraes casualmente de la baraja. Cada una de las setenta y ocho cartas tiene un significado único para cualquier pregunta.

Las cartas están divididas en arcanos mayores y menores. Los veintidós arcanos mayores incluyen figuras que puedes haber oído alguna vez, como el Sol, la Luna, el Loco, la Muerte y los Amantes. Representan influencias kármicas y temas vinculados con tu vida. Cuando aparece uno de ellos en tu lectura, debes tomarte el tiempo necesario para reflexionar sobre las lecciones de vida que puede ofrecerte.

Cada signo del zodiaco está gobernado por uno de los arcanos mayores. En el caso de Capricornio, la carta es el Diablo, que representa la sensación de sentirse atrapado, bloqueado en un infierno personal.

Los arcanos menores constituyen cincuenta y seis cartas divididas en cuatro palos de catorce cartas cada uno: diez de ellas están numeradas y después las siguen una sota, un caballo o caballero, una reina y un rey. Estas cartas representan situaciones y pueden ayudarte a tomar decisiones y a reflexionar sobre tu condición psíquica.

Los tarots en sí mismos pueden interpretarse de formas distintas. Algunas personas creen que las respuestas provienen de espíritus o ángeles, mientras que otras prefieren interpretarlas basándose en la sincronicidad, según la cual las cartas extraídas de la baraja crean un significado en la correlación de unas con otras.

Si te interesa este tema, te aconsejo que profundices en el significado específico de cada carta, aunque en las siguientes páginas encontrarás algunos consejos básicos. Con solo varias indicaciones, podrás descubrir el simbolismo de los tarots y emprender un viaje de autodescubrimiento personal.

## Escoge una baraja

Se dice que, si alguien se compra a sí mismo su primera baraja de tarot, le traerá mala suerte, ya que debería ser un regalo. Sin embargo, hoy en día esta superstición está bastante anticuada, así que, si la idea no te molesta, ¡ve a comprarte una baraja! Es importante que tengas un buen vínculo con la baraja de cartas que vas a usar, así que elige una que tenga ilustraciones que te agraden. Hay cientos de barajas diferentes a tu disposición: investiga un poco y escoge la que más te guste. Si, en cambio, te sientes abrumado por la cantidad de barajas que existen, siempre puedes escoger la más famosa, la clásica de Rider-Waite.

## Energiza y purifica las cartas

Una baraja de cartas nueva necesita que la llenen de energía, así que, después de sacarlas de su caja por primera vez, tómate un momento para mezclarlas bien. La mejor manera de hacerlo es extenderlas sobre una mesa y moverlas con las manos hasta que te parezca que se han mezclado bien. No hace falta que seas sumamente delicado; no pasa nada si algunas cartas terminan del revés: darán lugar a lecturas invertidas. Así que mézclalas, vuelve a mezclarlas y mézclalas una vez más.

Cuando llevas un tiempo sin usar tu baraja, es buena idea limpiarla para liberarla de posibles energías negativas. Hay distintas maneras de hacerlo: baraja las cartas y golpea el mazo tres veces con los nudillos. Por la noche, coloca las cartas sobre el alféizar de una ventana para que queden bañadas por la luz de la luna, quema un poco de salvia seca y pasa la baraja por el humo unas cuantas veces.

## Crea la atmósfera

Al principio, te recomiendo que elijas un espacio que te dé paz y tranquilidad y donde puedas dedicarle a la baraja toda tu atención. Escoge un lugar tranquilo y ordenado donde sientas que hay energía positiva. También puedes añadir algunos objetos que te parezcan adecuados para ayudarte a crear la atmósfera perfecta.

## Define la intención

Durante una lectura, es fundamental que la energía a tu alrededor sea positiva. Un modo sencillo para asegurarte es que ilumines el lugar con una luz blanca y brillante, lo que hará que se disipen posibles energías negativas que pueda haber y las mantendrá alejadas durante toda la lectura.

## Lectura y preguntas

Si eres principiante, te recomiendo que empieces con tres cartas, que van a representar el pasado, el presente y el futuro. Imagina la pregunta que vas a hacer mientras barajas el mazo. Las cartas que salen volando del mazo mientras lo haces son significativas. Delante de ti, vas a disponer de tres cartas bocarriba: pasado, presente y futuro.

Cuanto más precisa sea la pregunta, más precisa será la respuesta. Intenta evitar hacer tanto preguntas vagas como las que podrían responderse con un simple «sí» o «no». Lo ideal es que busques cuestiones que puedan abrir una conversación.

Como Capricornio, es posible que quieras hacer preguntas específicas sobre tu carrera o sobre los próximos objetivos a los que aspirar. ¿A qué te estás dedicando en este momento? Pregunta a las cartas qué giro tomarán los acontecimientos.

**NO DEBEMOS AVERGONZARNOS
DE COQUETEAR CON EL ZODIACO.
EL ZODIACO ES VALIOSO.**

DAVID HERBERT

# Los chakras

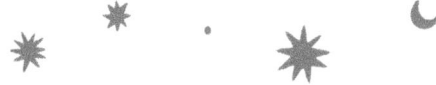

Si has practicado yoga alguna vez, seguramente sabrás lo que son los chakras e incluso tengas ganas de saber más sobre ellos. Los chakras vienen mencionados en los textos sagrados del hinduismo, pero son reconocidos y utilizados por muchas personas fuera de la religión y se consideran puntos de fuerza vital que hacen fluir su energía hacia partes concretas de nuestro cuerpo. Cuando el estrés y las tensiones de la vida crean bloqueos en alguno de estos puntos, nuestro cuerpo podría resentirse, por lo que es útil tratar de eliminar tales bloqueos. La mejor manera de hacerlo es estimular el flujo de energía a través de la meditación, posturas de yoga específicas para cada chakra o ejercicios de respiración.

Existen siete chakras principales: raíz, sacro, plexo solar, corazón, garganta, tercer ojo y corona. Estos puntos son diferentes de las partes del cuerpo asociadas a los signos del zodiaco y corresponden, en cambio, a las características personales de cada uno.

### Los signos del zodiaco y los chakras

**Aries**: Chakra del plexo solar, situado en el abdomen, fuente de autoestima y poder

**Tauro**: Chakra del corazón, cuya energía confiere habilidades relacionadas con la empatía

**Géminis**: Chakra de la garganta, asociado a la comunicación y a la creatividad

**Cáncer**: Chakra del tercer ojo, situado sobre la frente y considerado el centro del alma

**Leo**: Chakra de la corona, que representa el pensamiento, la comprensión y la capacidad de encontrar soluciones con facilidad

**Virgo**: Chakra de la garganta, que refleja la comunicación clara y el saber hablar en público

**Libra**: Chakra del corazón, fuente de sanación emocional y creación de vínculos con los demás

**Escorpio**: Chakra del plexo solar, que ayuda a combatir los miedos y a mantener las emociones bajo control

**Sagitario**: Chakra sacro, que brinda optimismo y pasión

**Capricornio**: Chakra de la raíz, situado en la base de la columna vertebral, que favorece una buena salud mental y física

**Acuario**: Chakra de la raíz, que ayuda a mantener los pies en la tierra y a adoptar una actitud de apoyo

**Piscis**: Chakra sacro, que fomenta la sensualidad, el entusiasmo y la creatividad

# ¡Hasta la próxima!

¿Qué piensas ahora sobre el zodiaco? ¡Seguro que has aprendido muchísimo! Apuesto a que habrás vivido más de un momento revelador mientras estabas leyendo este libro, en el que situaciones y características que te son familiares salían de las páginas para encontrarse contigo. Muchos sentimos la necesidad de comprendernos más profundamente y la astrología puede darnos un poco de tranquilidad entre las complejidades de la vida moderna.

Espero que este libro te haya dado la perspectiva y el conocimiento que necesitabas para emprender la siguiente fase de tu viaje. Ahora es momento de que saques tus propias conclusiones sobre quién eres realmente y de dónde vienen tus comportamientos, y en esto podrán guiarte las estrellas. El misterio del zodiaco es tan amplio como complejo, pero es una maraña que se puede desenredar y, si estás dispuesto a afrontar sus retos, podrás sacar provecho de todo lo que te ofrece.

# LA ASTROLOGÍA ES
# UNA PARTIDA DE AJEDREZ
# CON UN COMPAÑERO INVISIBLE.

NOEL TYL

Recursos

## Libros

Goodman, Linda (1999). *Sun Signs.* Pan Macmillan UK.

Parker, Julia, y Parker, Derek (2020). *Parkers' Astrology.* Dorling Kindersley.

Taylor, Carole (2018). *Using the Wisdom of the Stars in Your Everyday Life.* Dorling Kindersley.

## Páginas web y aplicaciones

Astro.com – Un amplio recurso gratuito tanto para principiantes como para expertos en astrología. Puedes configurar tu carta natal en este sitio como punto de partida.

Linda-goodman.com – Un foro de gran utilidad, dedicado a la difunta astróloga, donde las personas comparten sus experiencias astrológicas.

TimePassages – Una aplicación de pago, pero muy fácil de usar, donde puedes configurar tu carta natal, leer los horóscopos diarios y comparar tu carta con la de algún amigo o compañero.

Co-Star – Una aplicación de astrología muy famosa (la versión básica es gratuita) con un diseño elegante. Es una herramienta útil que cuenta con lecturas en tiempo real basadas en datos de la NASA y una gran cantidad de información y consejos.

# Índice

p. 7 Introducción

9 PRIMERA PARTE
Bienvenido al zodiaco

37 SEGUNDA PARTE
Te presento a Capricornio

59 TERCERA PARTE
Tu horóscopo y tú

95 CUARTA PARTE
Cómo cuidar de ti mismo
con ayuda de la astrología

123 *Recursos*